Elke Deparade

Seminarkurs und Facharbeit

Einführung in das wissenschaftliche Arbeiten
in der Sekundarstufe II

C. C. BUCHNER · BAMBERG

Impressum

Seminarkurs und Facharbeit
Einführung in das wissenschaftliche Arbeiten in der Sekundarstufe II
Erarbeitet von Elke Deparade

1. Auflage, 3. Druck 2018
Alle Drucke dieser Auflage sind, weil untereinander unverändert, nebeneinander benutzbar.

Dieses Werk folgt der reformierten Rechtschreibung und Zeichensetzung. Ausnahmen bilden Texte, bei denen künstlerische, philologische oder lizenzrechtliche Gründe einer Änderung entgegenstehen.

Redaktion: Simon Hameister
Layout und Satz: Magdalena Schmid, ism Satz- und Reprostudio GmbH, München
Umschlag: Anne Langner, Wildner + Designer GmbH, Fürth / Magdalena Schmid, ism Satz- und Reprostudio GmbH, München
Illustrationen: Philipp Schmid, München
Druck und Bindung: Pustet, Regensburg

www.ccbuchner.de

ISBN 978-3-7661-**4436**-2

Inhalt

Bildnachweis

Bundeszentrale für politische Bildung, Bonn – S. 70; http://archive.org – S. 70; Preußischer Kulturbesitz, Berlin – S. 70; Thinkstock / iStockphoto – Cover (2); Thinkstock / Photodisc – Cover; www.sxc.hu – S. 61 (2); www.wikimedia.org – S. 9, 70; www.wikimedia.org / Anton2838 – S. 70.

Vorwort

Liebe Schülerinnen und Schüler,

in der gymnasialen Oberstufe wird an Sie die Aufgabe gestellt, mit einer besonderen Lernleistung durch die Erstellung einer schriftlichen Arbeit (länderspezifisch: Fach-, Jahres-, Seminar-, Seminarkurs-, Seminarfacharbeit, schriftliche Dokumentation zu einem Projekt, Wettbewerb u. a.) und deren Präsentation in einem Kolloquium den Nachweis wissenschaftlicher Vorkenntnisse und Fähigkeiten zu erbringen.

Der vorliegende Schülerband bietet Ihnen einen kompakten und verständlich strukturierten Leitfaden zu den Techniken wissenschaftlichen Arbeitens.

Zur selbstständigen Bewältigung der Aufgaben soll Ihnen mit Übungen, methodischen Hinweisen und verschiedenen Lern- und Arbeitstechniken eine Hilfe im Verlauf des gesamten Arbeitsprozesses gegeben werden: von der Themenfindung über die Recherche und Materialsammlung, die Manuskripterstellung, die Überarbeitung und Fertigstellung der schriftlichen Arbeit bis hin zur Präsentation des Produkts in einem Kolloquium.

Auch wenn nicht immer alles gleich wie gewünscht funktioniert, der Computer streikt oder der erste Entwurf der schriftlichen Arbeit noch nicht den Erwartungen entspricht, beziehen Sie diese Problemfelder ruhig in Ihre gesamte Arbeit vom Prozess über das Produkt bis zur Präsentation mit ein. Ihre Erfahrungen und die trainierten Methoden können Ihnen auch im Studium oder in der Berufsausbildung nützlich sein, wenn z. B. eine größere Seminararbeit oder ein Referat anstehen.

Viel Erfolg bei der Bearbeitung des folgenden „roten Fadens“, der Ihnen eine optimale Vorbereitung auf das Abitur bietet!

Hinweise zum Umgang mit dem Buch

Arbeitsauftrag

Alle Arbeitsaufträge sind einheitlich ausgewiesen und gekennzeichnet.

INFO

Innerhalb der Infoboxen sind wichtige Hinweise übersichtlich zusammengefasst und Definitionen von wichtigen Begriffen aufgeführt.

TIPP

Hier finden sich Tipps, wie Sie etwas besser oder leichter lösen können.

1 Wie finde ich ein geeignetes Thema für meine Facharbeit?

1.1 Was gilt es bei der Themenwahl zu beachten?

Der Prozess wissenschaftlichen Arbeitens beginnt mit der Auswahl eines geeigneten Themas. Sie sollten bedenken, dass es für die eigene Motivation wichtig ist, ein besonderes Interesse am gewählten Thema mitzubringen. Reflektieren Sie also zunächst bewusst darüber, was Sie an dem Thema interessiert, warum es für Sie bedeutsam ist und was Sie herausfinden, beweisen oder analysieren wollen. Wichtig ist natürlich auch die Zeit, die Ihnen zur Verfügung steht. Eine Facharbeit innerhalb eines schulischen Seminarkurses soll weder zur Diplomarbeit noch zur Doktorarbeit geraten. Daher ist die Seitenzahl pro Schüler begrenzt. Sie haben die Chance, Ihr Thema frei zu wählen. Dabei ist zu beachten: Das Thema darf nicht so weit gesteckt sein, dass man seinem Anspruch in dem geforderten Umfang und mit dem vorgegebenen Zeitvolumen nicht nachkommen kann und es nur oberflächlich behandelt. Andererseits ist es wichtig, genügend Stoff zur Bearbeitung zu haben.

1.2 Checkliste zur Themenfindung

Um zu einer Themenidee zu kommen, kann man sich folgende Liste zu Hilfe nehmen:

- Worüber habe ich mich in letzter Zeit gewundert, was hat mich überrascht?
- Was habe ich gelesen, gedacht, erfahren oder gehört, das mich verwirrt?
- Was interessiert mich, was macht mich nachdenklich?
- Was macht mich wütend, besorgt, ängstlich, zufrieden, glücklich?
- Was müsste und sollte ich wissen?
- Was ist heute anders als früher?
- Wie haben sich die Menschen verändert?
- Wie hat sich das verändert, woran Menschen glauben?
- Was wird sich in der Zukunft wie verändern?
- Was weiß ich, was andere nutzen könnten?
- Welchen regionalen Bezug kann man finden?
- Welchen kreativen, eigenen Beitrag könnte ich leisten?

1.3 Worüber man eher nicht schreiben sollte

Modethemen
Man begibt sich in Gefahr, bei der Fülle des Materials zu oberflächlich zu bleiben oder die Übersicht zu verlieren, ohne zu den eigentlichen Inhalten Bezug zu nehmen.

Zu persönliche Themen
Man sollte bei der Auswahl eines Themas nicht persönlich betroffen sein oder unter Druck stehen (Krankheiten, Unfälle, Tod, Behinderung usw.).

Zu abstrakte Themen
Man kann schnell die Freude am Thema verlieren, wenn es zu theoretisch und wenig praktisch ist.

Zu spezielle Themen
Manche Themengebiete beruhen auf dem Studium schwer zugänglicher Quellen.

1.4 Strategien zum Sammeln, Erweitern und Ordnen von Gedanken zu einem ausgewählten Thema

Wenn ein Themenbereich gefunden ist, sollte man sich kreativ damit auseinandersetzen. Einige Techniken können dabei sehr hilfreich sein.

- **Begriffssammlung** bzw. **Stichwortkonzept** von A bis Z
- **Brainstorming** (spontane Äußerungen in schriftlicher Form zu einem Thema ohne Wertung)
- **Cluster** (Knüpfen von Ideennetzen; ein Wort kann als Anreiz bzw. Assoziation wirken)
- **Mindmap** (Gedankenlandkarte, Prinzip der Assoziation, um Gedanken frei zu entfalten und die Fähigkeiten des Gehirns zu nutzen)

Weitere Möglichkeiten:

- Sammeln von Fragen an das Thema
- Freies Schreiben
- Meinungen sammeln (Personen befragen)

1.5 Beispiel zur Entwicklung einer Themenidee

Nutzen Sie folgende Übersicht zur Erarbeitung eines **Clusters**. Hier können Sie bereits sehr gut erkennen, was in einer Themenidee alles steckt. Mögliche Themenideen, wenn Sie noch keine eigene haben, könnten sein:

- Red Bull – Getränk oder großes Management?
- Titanic und Oasis of the Seas – Kreuzschifffahrt in Vergangenheit und Gegenwart
- Mülltrennungskonzept in meiner Stadt/Gemeinde
- Linkshänder – ein Leben der Anpassung?
- Tetrapack oder Milchflasche – Getränkeindustrie und Umweltschutz
- Arzneimittel für Kinder – eine Utopie?
- Atlantis – Bedeutung eines Mythos
- Tee – mehr als nur ein Getränk?
- Die Honigbiene heute – Überleben in Gefahr?
- Integration behinderter Menschen in der Gesellschaft
- Das Leben der Menschen in meiner Heimatstadt im Zweiten Weltkrieg
- Offshore-Technik – Energiegewinnung der Zukunft?
- Nutzung alternativer Energiequellen in meinem Bundesland

Übersicht zur Erarbeitung eines Clusters

1.5.1 Fragen an das Thema stellen

Beantworten Sie nach der ersten Auswahl Ihres Themas kritisch folgende Fragen:

- Ist das Thema, so wie es angegangen wird, bearbeitbar?
- Kann es eine „eigene" Arbeit werden oder reproduzieren und transferieren Sie nur?
- Sind Sie in der Lage, aus dem gewählten Thema ein Konzept zu entwickeln, dieses zu verdichten und zu veredeln?
- Haben Sie wesentliche Aspekte/Aufgabenfelder des Themas herausgefunden, wonach Sie das Thema untersuchen wollen?
- Ist eine Brücke zwischen diesen Aspekten erkennbar, um inhaltliche Verknüpfungen herstellen zu können?

Die Sicht aus einem bestimmten „Fenster" oder aus einer bestimmten Perspektive zur vielgestaltigen Bearbeitung des Themas ist zweckmäßig.

Bei der Entwicklung der Themenidee sollten drei Kriterien beachtet werden:

- **ergebnisoffen**
- **bearbeitbar**
- **eigener Anteil**

1.5.2 Die zentrale Fragestellung

Sie sollten Fragen an das Thema stellen und **eine** zentrale Fragestellung erarbeiten. Mit einer zentralen Fragestellung wird deutlich gemacht, worum es in der anzufertigenden Arbeit geht. Die Frage muss konkret formuliert werden und zeigen, dass eine Eingrenzung des Themas erfolgt. Eine zentrale Fragestellung führt letztendlich zur Schwerpunktsetzung und ersten Gliederung.

Bei der Formulierung einer zentralen Frage ist zu beachten, dass sie allgemein verständlich ist. Diese Frage kann während der Arbeit am Thema weiterentwickelt werden. Nicht immer ist die erste Formulierung die beste, also kann man ruhig nach weiteren Möglichkeiten suchen.

1.5.3 Von der Idee zur inhaltlichen Perspektive

Zu Beginn meint man ein tolles Thema gefunden zu haben. Bei genauerer Betrachtung wird recht schnell deutlich, dass es ein ganzer Themenkomplex ist, der bearbeitet werden müsste, um der Verwirklichung der Themenidee zu entsprechen.

Also sollte man sich unbedingt über die **Eingrenzung der Thematik** Gedanken machen und Themenbereiche herausfinden, die in ihrem Umfang auch zu bearbeiten sind. Wichtig ist dabei eine **erste Recherche zu vorhandenem Material** und die Überlegung, wer fachlich in der Lage ist, Ihre Arbeit zu betreuen.

Die folgenden Beispiele sollen Ihnen helfen, vermeidbare Fehler zu unterlassen und über Ihre eigene Themenidee besser zu reflektieren.

Beispiel 1: Wir wollen etwas über Atlantis schreiben!

Ist das wirklich schon ein Thema für eine Facharbeit?

Es stellt sich die Frage:
Welche Möglichkeiten eröffnet diese Themenidee?

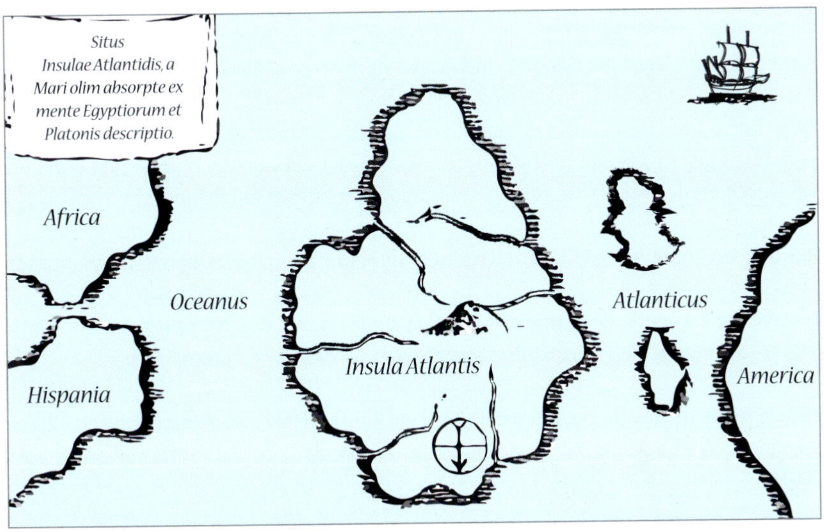

Gesüdete Fantasiekarte von Atlantis aus Athanasius Kirchers Mundus Subterraneus von 1665

Hier bietet sich die Sicht aus verschiedenen Fenstern bzw. Perspektiven an:

Atlantis aus dem Blick der Literaturwissenschaft	Atlantis aus dem Blick der geologischen Wissenschaft	Atlantis aus dem Blick der Religionswissenschaft
Die Literaturwissenschaft und ihr Gegenstand	Die Geologie und ihr Gegenstand	Die Religionswissenschaft und ihr Gegenstand
Spektrum der Atlantis-Literatur	Bisherige Theorien und heutiger Stand in Bezug auf Atlantis	Atlantis-Mythos in der Religion: • Flutmotiv im Christentum • Andere Straf- und Untergangsmythen
Interview mit einem Literaturwissenschaftler	Interview mit einem Geowissenschaftler	Interview mit einem Religionswissenschaftler
Schlussfolgerungen für den Stellenwert von Atlantis heute		

Beispiel 2: Wir wollen etwas über den Klimawandel schreiben!

Aber: Klimawandel ist noch kein Thema für eine Facharbeit und schon gar keines, das man als Laie bearbeiten kann.

Denn: Wissenschaftler streiten sich in riesigen Computermodellen, Prognosen und Empfehlungen über die Gründe und Auswirkungen des Klimawandels.

Allerdings: Die Politik muss entscheiden, wie die Problematik rund um den Klimawandel angegangen und gelöst werden soll. Sie ist dabei jedoch abhängig von Einschätzungen der Fachleute und vom Einfluss von Interessengruppen.

Zur Sache: Annahme – CO_2-Emmissionen als Hauptursache für den Klimawandel?

Möglichkeit I (zum Umgang mit den Auswirkungen des Klimawandels): Kyoto 1997/Beschlüsse zum „Kyoto-Protokoll“ noch konsequenter umsetzen.

Möglichkeit II: Abwarten, ob die Politik im Rahmen der UN-Klimakonferenz 2015 verbindliche Klimaziele für alle Mitgliedsstaaten der UN-Klimarahmenkonvention findet.

Möglichkeit III: Gar nichts tun und weitermachen wie bisher.

1.5.4 Beispiel: Der Klimawandel in den Medien – eine Diskursanalyse nach Niklas Luhmann

Die Themenidee „Wir wollen etwas über den Klimawandel schreiben" scheint nur im ersten Moment ganz interessant, aber nach näherer Betrachtung wird klar, dass die Problematik viel zu weit gefasst und überdimensional für eine Facharbeit in dem von Ihnen geforderten Umfang ist. Stellen Sie am besten aus einer bestimmten Perspektive eine neue Überlegung an, die mit der Themenidee zusammenhängt. Im Folgenden wird ein Beispiel für Ihr mögliches Herangehen aufgezeigt.

Der Klimawandel in den Medien – eine Diskursanalyse nach Niklas Luhmann

Ausgangspunkt für eine Betrachtung zum großen und sehr allgemeinen Thema „Klimawandel" kann folgende Auffassung des Sozialwissenschaftlers Niklas Luhmann sein:

These:
„Alles oder fast alles, was wir über die Welt wissen, wissen wir aus den Medien."
Niklas Luhmann (1927–1998), Sozialwissenschaftler

Arbeitsidee:
Wie wird in den Medien über den Klimawandel kommuniziert? An welchen Beispielen kann man das im Einzelnen nachzeichnen? Wer kommuniziert wie und warum so? Wie wird zwischen Akteuren kommuniziert (bzw. darüber berichtet)?

Arbeitsaufträge

1. Kaufen Sie drei Zeitungen (von unterschiedlichen Verlagen).
2. Vergleichen Sie je einen Artikel aus den drei Zeitungen, der sich mit demselben Thema beschäftigt (3 Berichte).
3. Wie wird kommuniziert?

Überlegung
- Kann man die Welt mithilfe der These von Luhmann verstehen? **Nein.**

Denn:
Luhmanns Theorie sozialer Systeme ist nur
- eine Art/ein Prozess der Beobachtung;
- eine Anschauung der Gesellschaft als ein Feld von Kommunikation.

Überlegung
- Kann man die Welt mithilfe der These von Luhmann beobachten? **Ja.**

Denn:
- Beobachtung ist eine Bedingung der Möglichkeit für das Verstehen.

Luhmann unterscheidet entsprechend zwei soziologische Fragestellungen:
1. Was ist der Fall?
2. Was steckt dahinter?

Um die „Welt verstehen“ zu können, benötigt man zweierlei:
a) ein Konzept für die Beobachtung
b) ein Konzept für die Interpretation

In Dossiers von Zeitungen bzw. Zeitschriften wird häufig eine Paraphrasierung genutzt, das heißt, es erfolgt meist eine sachliche Wiederholung einer empfangenen Botschaft:

„Das ist keine funktionierende Gesellschaft, sondern eine Ekelhaftigkeit.“

INFO: MULTIPERSPEKTIVITÄT

Auf diese Art und Weise können Sie die Welt durch Multiperspektivität verstehen lernen. Dabei müssen immer verschiedene Perspektiven des Themas beachtet werden (z. B. „Karton oder Milchflasche“ – was ist umweltbewusster?). Es ergibt sich durch diese Vorgehensweise ein offenes und spannungsvolles Fazit – jedes Ding hat zwei Seiten (es gibt nicht richtig oder falsch).

Arbeitsaufträge

1. Erarbeiten Sie anhand des folgenden Artikels (→ S. 13 f.) „Müllhalde Neapel – von Mäusen und Menschen“ die dargestellten Problemfelder.
2. Versuchen Sie, das Problem auf die regionale Ebene zu bringen, indem Sie z. B. die Müllentsorgung in Ihrer Stadt bzw. Ihrem Landkreis betrachten.

Müllhalde Neapel – von Mäusen und Menschen
Neapel versinkt im Müll: Den Einwohnern stinkt es gewaltig. Ungeziefer und Gangster profitieren dagegen vom Chaos.
Wenigstens die Mäuse gedeihen in Neapel. Wie die Zeitung *Corriere del Mezzogiorno* am Wochenende berichtete, kamen vor zwei Jahren sieben Nagetiere auf jeden Einwohner. Mittlerweile sind es 25. Wer die Stadt am Vesuv in diesen Tagen bereist, den wird das nicht wundern. Auf Straßen und Plätzen türmen sich aufgeplatzte Müllsäcke, Kartons mit Gemüseresten, Kleidungsfetzen und sonstigem Unrat. Teilweise stapelt sich der Abfall mannshoch. Der Müll fault seit Wochen vor sich hin, die Menschen schaufeln ihn von den Bürgersteigen auf die Straße, um den Verkehr zu blockieren und auf diese Weise gegen die unerträgliche Situation zu protestieren. Schließlich zahlen sie fast die höchsten Abfallgebühren Italiens. Manchen Bürgern stinkt der Müll derart, dass sie ihn anzünden. So zählte die Feuerwehr allein in der Nacht auf Samstag 120 Brände. Da nützt es nichts, wenn der Präfekt schimpft: „Es ist ein Wahnsinn, den Abfall auf den Straßen zu verbrennen. Der Qualm ist äußerst gesundheitsgefährdend." Ärzte warnen, der schwelende Unrat setze Dioxin frei, das Luft und Böden verpeste und sich schließlich in der Nahrung wiederfinde. Zudem fürchten die Mediziner die Kombination von Müll und Sommerhitze in den kommenden Monaten. „Die sanitären Zustände in unserer Region sind dramatisch", befindet der Ärzteverband Neapels. Carlo Liberati, der Bischof von Pompeji, wird noch deutlicher: „Das hier ist keine funktionierende Gesellschaft, sondern eine Ekelhaftigkeit. In den müllübersäten Straßen können Seuchen ausbrechen – Typhus, Cholera." Guido Bertolaso, der Chef des italienischen Zivilschutzes, meint, in Italien herrschten teilweise Zustände, die seien „schlimmer als in der Dritten Welt". [...]
Nun könnte man angesichts des Straßenbildes meinen, der Kommissar sei ein Versager. Nichts wäre verkehrter. Bertolaso gehört zu den fähigsten Männern im Lande. Als vor zwei Jahren Papst Johannes Paul II. starb, war es besonders ihm zu verdanken, dass Rom den Ansturm von Millionen Pilgern bravourös bewältigte. Neapel aber bringt sogar einen Krisenmanager wie Bertolaso zum Verzweifeln. Er drohte bereits mit seinem Rücktritt oder dem Einsatz der Armee – ohne rechten Erfolg. Der Unrat scheint auch ihn zu verschütten. Dabei ist das Entsorgungsproblem in der Region seit langem bekannt. Seit 13 Jahren rufen die Behörden regelmäßig den „Müll-Notstand" aus. „Alexander dem Großen hat dieser Zeitraum gereicht, die Welt zu erobern", spottet der Corriere della Sera. Neapel aber werde nicht einmal seiner Abfallhaufen Herr, obwohl man in all den Jahren etwa zwei Milliarden Euro ausgegeben habe, um den Notstand zu beheben. Schätzungen zufolge gammeln dieser Tage allein in Neapel etwa 2.500 Tonnen Abfälle vor sich hin. Aus verzweifeltem Zorn haben Einwohner am Wochenende unzählige Säcke mit Unrat vor dem Rathaus deponiert. Müllautos, die noch verkehren, müssen manchmal von der Polizei vor aufgebrachten Menschen geschützt werden. Mehrere Bürgermeister der umliegenden Orte wollen diese Woche nach Rom reisen, um aus Protest bei Premier Romano Prodi ihr Amt niederzulegen. Italien, Kampanien und Neapel werden von linken Koalitionen regiert. Die italienische Linke gibt sich gern sauber. Wie der Müll-Skandal zeigt, nicht immer zu Recht.

Die Gründe der Krise? Die Menschen in Kampanien produzieren mehr Haushaltsabfall als in anderen Gegenden Italiens, 8.000 Tonnen pro Tag. Nur acht Prozent werden getrennt gesammelt – in der Gegend um Treviso in Norditalien sind es bis zu 90 Prozent. Dennoch wehren sich die Bürger in und um Neapel besonders heftig gegen den Bau von Müllverbrennungsanlagen oder Deponien. Lieber lassen sie den Unrat für viel Geld exportieren, nach Sizilien, Deutschland oder gar China. Doch wie zu sehen und zu riechen ist, reicht das längst nicht aus.
Die Misere nährt neben den Mäusen auch die Mafia. Für die Camorra gehört der Abfall zu den lukrativsten Geschäftsfeldern. Je mehr öffentliches Geld wegen des Müllnotstands fließt, desto mehr schöpfen die Verbrecherclans mithilfe anrüchiger „Fachfirmen" ab. So verdient die Camorra am Transport des Unrats in die Nachbarregionen und ins Ausland, an der „Entsorgung" von Giftmüll in illegalen Gruben oder auf Feldern, beim Verkauf überteuerter Deponiegrundstücke und bei der Sanierung verseuchten Landes. „Der Notstand nutzt der Camorra", sagt Sonderkommissar Bertolaso. Erst vor ein paar Wochen musste er erleben, wie einer seiner Stellvertreter festgenommen wurde. Der Vorwurf der Ermittler: miese Geschäfte mit dem Müll.

Stefan Ulrich, Süddeutsche Zeitung, 21.05.2007

1.6 Selbstorganisation und Zeitmanagement

Wenn Sie über die Struktur Ihres Schulalltags nachdenken, können Sie gut feststellen, wie Ihre eigene Zeitstruktur an einem Tag oder innerhalb einer Woche aussieht und wo Veränderungsbedarf besteht. Besonders wichtig wird die Planung Ihres Schulalltages, wenn weitere, neue Aufgaben auf Sie zukommen, wie beispielsweise auch eine Facharbeit.

Arbeitsauftrag

Analysieren Sie Ihren eigenen Arbeitsalltag. Notieren Sie an einem ausgewählten Tag genau den zeitlichen Ablauf Ihres Tages. Beachten Sie dabei wirklich den gesamten Tagesablauf inklusive Essenszeiten, Schlafen, schulische und außerschulische Aufgaben, private Unternehmungen/Freizeit, aber auch Freiräume, in denen Sie gar nichts tun.

UHRZEIT (VON BIS)	TÄTIGKEIT	EINSPARPOTENTIAL	
		„Konzentrationskiller"	mögliche Gegenmaßnahmen

Arbeitsauftrag

Überlegen Sie nach Ihrer ersten Analyse, welche Äußerung am besten auf Sie zutrifft.

a) Ich bin in der Lage, meine Zeit, die mir zur Verfügung steht, effektiv einzuteilen, zu nutzen und mich an meine eigene Planung zu halten.
b) Ich weiß, dass ich meinen Alltag gut planen muss, um alles erfüllen zu können, was ich mir vorgenommen habe.
c) Ich nehme mir immer vor, meinen Tag zu planen, jedoch kommt es oft anders, als ich es mir vorgestellt habe.
d) Ich habe meinen Tagesablauf noch nie hinterfragt und mache das, was gerade anliegt.
e) Ich bin ständig auf Trab und gerate meist in Zeitnot.
f) Ich kann mich schlecht strukturieren und brauche dringend einen Tagesplan.

1.6.1 Wo sind sie – Ihre Zeitfresser?

Ablenkungspotentiale lauern überall, sogar im Internet verstecken sie sich hinter für Sie eigentlich interessanten Webseiten oder in Social Networks. Was tun, wenn man nur allzu gern seine News postet und sich dort mit seinen Freunden trifft? Schnell sind einige Stunden versurft, man hat Spaß gehabt, aber die Zeit ist auch wie im Flug vergangen. Wenn Sie aber nun doch schon wahrgenommen haben, was Sie vom Arbeiten an Ihren Aufgaben und an Ihrer Facharbeit abgelenkt hat, ist das schon ein erster wichtiger Schritt, um diese Konzentrationskiller auszuschalten.

Arbeitsauftrag

Überlegen Sie, welche Konzentrationskiller Ihnen an dem Tag begegnet sind, den Sie in der Tabelle unter dem Arbeitsauftrag auf S. 14 genau protokolliert (→ Kap. 3.5) haben.

Wenn Sie nun einmal genau hinschauen, werden Sie schnell feststellen, dass Ihre Konzentrationskiller Freunde überall auf der Welt haben, denn viele Menschen kennen genau dieselben Probleme wie Sie: ständiges E-Mail-checken, surfen im Internet, Ablenkung durch Stadtbummel mit Freunden, langes Quatschen über Gott und die Welt und den PC, whatsappen, innerer Schweinehund, essen, fernsehen, „morgen ist auch noch ein Tag“ usw. Und wo bleibt bei diesem Ablenkungspotential Ihre Motivation für etwas Produktives?

1.6.2 Ein Arbeitsplan muss erstellt werden

Insbesondere, wenn zu Ihrem Arbeitsalltag der Auftrag kommt, eine Facharbeit zu einem Thema zu schreiben, zu dem Sie selbst recherchieren, um geeignete Literatur zu finden, diese auswerten und ein eigenes Arbeitskonzept erstellen, sich um die Entwicklung eines Interviews, die Durchführung eines Experiments oder eines anderen, eigenen Anteils für die Facharbeit bemühen müssen, ist eine kluge Zeitplanung unumgänglich.

Beachten Sie bei Ihrer Arbeit, dass Sie störende Dinge abschalten – am besten, Sie gehen in die Bibliothek oder einen anderen Raum, in dem kein Ablenkungspotential vorhanden ist und arbeiten dort in aller Ruhe. Vergessen Sie aber auch hier die nötigen kleinen Pausen nicht.

Der Zeitfaktor ist entscheidend für die Tiefe und Breite, mit der das Thema bearbeitet werden kann. Um nicht unter Zeit- und Termindruck zu geraten und planmäßig die gesteckten Teilziele zu erreichen, ist ein Zeitplan unumgänglich.

Als günstig erweist sich eine Zeitschiene, mit deren Hilfe die erforderlichen Arbeitsschritte und deren Ausführung geplant werden können.

Arbeitsauftrag

Erkundigen Sie sich vor der Anfertigung einer Zeitschiene bei Ihrem Fachlehrer über Termine, die an Ihrer Schule festgelegt wurden und fertigen Sie eine spezifische Planung nach den vorgegebenen Rahmenbedingungen an.

TIPP: ZEITLICHE RAHMENBEDINGUNGEN

Ihre Festlegungen sollten für folgende Schwerpunkte zeitliche Rahmenbedingungen beinhalten:

- Materialsuche und -sichtung
- Materialaufnahme (Exzerpte)
- Materialverarbeitung
- vorläufige Gliederung
- Probekapitel
- Rohmanuskript
- Feingliederung
- Endfassung
- Schlusskorrektur

2 Woher erhalte ich inhaltliche Informationen für meine Facharbeit?

2.1 Materialsuche

Nach erfolgter intensiver Themenreflexion können Sie an die Materialsuche gehen. Um effektiv vorzugehen, sollten Sie folgende Stationen durchlaufen:

Station 1: Auswertung von Tertiärliteratur
Die Verwendung von Lexika, Wörterbüchern und anderen Nachschlagewerken sollte an erster Stelle stehen: So verschafft man sich einen ersten Überblick zum gewählten Thema. Möglicherweise gibt diese grundlegende Literatur weiterführende Literaturhinweise und man erspart sich zum Teil eine langwierige Suche an den Stationen 2 und 3 und kann dort schon gezielter und effektiver seine Suche fortsetzen.

Station 2: Internetrecherche – googeln als Allheilmittel?
Natürlich werden Sie im Rahmen Ihrer allgemeinen Recherche zuerst auch die Möglichkeiten des Internets nutzen. Dabei gehen Sie in ähnlicher Weise wie in der Bibliothek (→ Kap. 2.2) vor, indem Sie Suchmaschinen verwenden, z. B. www.google.de. Sie werden hier Schlagworte verwenden, jedoch schnell feststellen, dass viele Adressen gefunden wurden. Zwangsläufig müssen Sie Ihre Suche eingrenzen und spezieller gestalten. Dies geschieht durch die Eingabe von Wortgruppen. Bei der Eingabe von mehreren Wörtern sollten Sie ein Pluszeichen (+) vor das Wort setzen. Wollen Sie ein Wort ausschließen, so kennzeichnen Sie es mit einem Minuszeichen (–). Beispiel: „+presse –rundfunk" sucht nach Artikeln über das Pressewesen, ohne den Bereich „Rundfunk" zu berücksichtigen.

Eine Profisuche funktioniert ähnlich, dabei werden jedoch sogenannte Boolesche Operatoren verwendet (AND, OR, AND NOT, NEAR). Suchmaschinen bzw. Web-Kataloge wie altavista, google, fireball, lycos, yahoo und andere bieten dazu Erklärungen auf ihrer Website an (unter „Hilfe"). Denken Sie daran, dass sich nicht nur deutschsprachige Dokumente im Internet finden lassen. Deshalb ist es ggf. günstig, den Schalter „nur deutsche Seiten" zu aktivieren, das schränkt die gefundenen Web-Seiten ebenfalls ein. Natürlich können Sie auch fremdsprachige Seiten nutzen.

Sie sollten bei der Auswahl der Informationen von Internetseiten durchaus kritisch sein, denn manch Hobbyfreak erstellt sich seine eigene Seite und bringt dort seine subjektive Meinung unter. Besser ist es in jedem Fall, Web-Seiten von Universitäten, Hochschulen, Organisationen zu nutzen. Diese sind jedoch, was Angaben von Literatur, Zitaten und Verweisen betrifft, unbedingt nachzuprüfen. Sie müssen eine Quelle immer auf ihren Ursprung zurückführen. So kann Johann Wolfgang von Goethe nicht aus dem Internet zitiert werden, denn dort hat er seinen Faust und andere Werke bestimmt nicht selbst veröffentlicht!

Stets beliebt – doch von der Wissenschaft nicht anerkannt: Wikipedia
Natürlich kann man sich bei Wikipedia belesen, um zunächst einen allgemeinen Überblick zu bekommen. Nützlich kann Wikipedia auch sein, wenn man die Literaturangaben, die unter den jeweiligen Artikeln zu finden sind, genauer anschaut. Dies ist eine kleine Hilfe, bevor man sich auf den Weg in die Bibliothek macht.

Es soll an dieser Stelle darauf hingewiesen werden, dass Wikipedia keine zitierwürdige Quelle darstellt, also belesen Sie sich bitte in der Fachliteratur.

Station 3: Nutzung des systematischen Kataloges einer Bibliothek
Da die Literaturausbeute durch die Tertiärliteratur (**Station 1**) meist nicht ausreicht, sucht man in der Bibliothek unter der geeigneten Sachgruppe bzw. Signatur die dort eingeordnete Literatur und notiert sich Artikel, die einem selbst wichtig erscheinen.

Station 4: Nutzung des Schlagwortkataloges einer Bibliothek
Nach einer recht schnell zu realisierenden, aber nicht immer zufriedenstellenden und erfolgreichen Suche im systematischen Katalog sollte man nun den Schlagwortkatalog nutzen. Hier kann man eine gezielte Suche beginnen. Unter einem dem Thema entsprechenden geeigneten Schlagwort sind eine Reihe von Literaturhinweisen aufzuspüren. Diese sollte man sich ebenfalls notieren.

INFO: ZETTELKATALOG

Vor der Einführung der computergestützten Speicherung sämtlicher Literaturbestände einer Bibliothek wurde mit Zettelkatalogen gearbeitet. Diese befanden sich in Kästen alphabetisch (Schlagwortkatalog) und nach Sachgebieten (systematischer Katalog) geordnet in der jeweiligen Bibliothek und nahmen den gesamten Bestand auf.

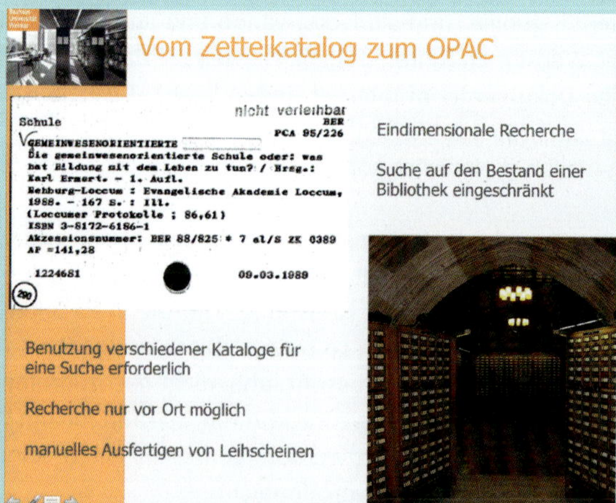

2.2 OPAC-System (Online Public Access Catalogue)

Universitätsbibliotheken verfügen über das moderne OPAC-System, das Ihnen bei der Suche nach geeigneter Literatur weiterhilft. Dies ist ein Online-Katalog, auf den Sie von jedem Computer aus zugreifen können. Zugleich sind hier auch Datenbanken verfügbar, in denen Sie zu Ihrem Thema recherchieren können. Hier soll beispielhaft das OPAC-System der Universitätsbibliothek der Bauhaus-Universität Weimar vorgestellt werden.

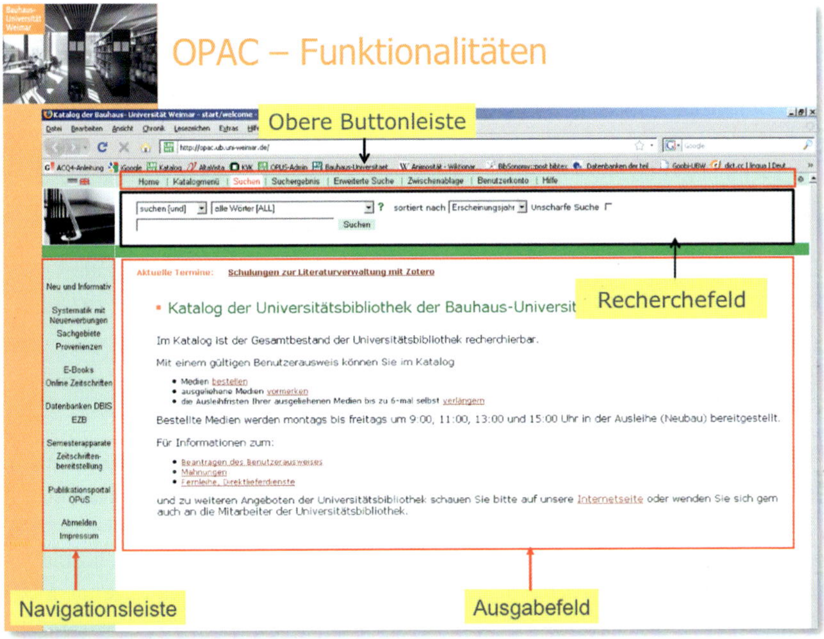

Zum Teil sind Bibliotheken innerhalb einer Stadt miteinander vernetzt und bieten einen sogenannten Gesamtkatalog der vor Ort vorhandenen Bibliotheken an. Dies ist insofern effektiv, da Sie mit der Eingabe eines Themas gleichzeitig in mehreren Bibliotheken nach Material suchen können.

Beispiel: Gesamtkatalog Weimarer Bibliotheken (GKWB)
Der Gesamtkatalog Weimarer Bibliotheken umfasst die Bestände von folgenden Bibliotheken in Weimar:

- Universitätsbibliothek der Bauhaus-Universität Weimar
- Herzogin Anna Amalia Bibliothek
- Hochschulbibliothek der Hochschule für Musik FRANZ LISZT
- Stadtbücherei Weimar
- Materialforschungs- und -prüfanstalt Weimar

Behördenbibliotheken:
- Thüringer Landesverwaltungsamt
- Thüringer Oberverwaltungsgericht/Thüringer Verfassungsgerichtshof
- Verwaltungsgericht Weimar
- Thüringisches Landesamt für Denkmalpflege und Archäologie
- Thüringisches Hauptstaatsarchiv Weimar

http://gso.gbv.de/DB=2.916, 2.8.2012

Literaturrecherche in der Bibliothek und Nutzung von Bibliothekskatalogen online
Der Katalog der Bauhaus-Universität ist leicht zu finden, indem Sie nach Bauhaus-Universität Weimar googeln und die entsprechende Seite aufrufen. Dort können Sie auf den Online-Katalog unter https://opac.ub.uni-weimar.de/DB=1/LNG=DU/ zugreifen.

Im Suchfeld geben Sie nun Ihren Suchwunsch ein und der Katalog weist die dazu vorhandene Literatur aus.

Interessant kann auch eine Recherche im umfangreichen Datenbanksystem sein, dieses kann man jedoch erst nach Anmeldung in der Bibliothek nutzen.

2.3 Sichtung und Auswertung von Literatur

Nachdem Sie Ihrem Thema entsprechend geeignete Literatur herausgesucht haben, wählen Sie die Titel aus, mit denen Sie arbeiten möchten. Man beginnt mit der Durchsicht einer allgemein gehaltenen Abhandlung zum gewählten Thema, um danach speziellere Artikel z. B. in Zeitschriften zu durchsuchen. Zur schriftlichen Fixierung des Inhaltes der durchgesehenen Materialien bieten sich folgende Möglichkeiten an:

Exzerpt
- Anmerkungen zur Literatur stehen stets im Kontext des jeweiligen Textes.
- Eigene, textübergreifende Anmerkungen sind gut zu integrieren und wieder aufzufinden (→ Kapitel 3.3).

Anmerkungs- bzw. Notizkarten
- Anlage in Form von Schlagwortkarten, die in eine Gesamtkartei eingeordnet werden können.
- Jede Karte wird mit Anmerkungen nur zu einem Sachverhalt versehen, um ein einfaches und übersichtliches Einsortieren zu gewährleisten.

Prüfen Sie zunächst, welchen Kenntnisstand Sie durch Ihr Literaturstudium erreicht haben. Stellen Sie sich dazu vier Fragen und beantworten Sie diese ehrlich:
1. Was weiß ich jetzt über mein Thema?

2. Welche Übereinstimmungen bestehen zwischen meinem bisherigen Wissen und den Auffassungen in der von mir studierten Literatur?
3. Warum und wo komme ich zu anderen Auffassungen und Schlussfolgerungen?
4. Welche Fragen muss ich noch klären?

2.4 Grobgliederung

Stellen Sie nach Materialsichtung und -aufnahme eine vorläufige Gliederung auf und ordnen Sie Ihre Materialsammlung nach dieser. Die vorläufige Gliederung dient als strukturelles Gerüst, um die einzelnen Themenaspekte in ihren Zusammenhängen, Wechselbeziehungen und in ihrer Abfolge einander zuzuordnen. Gliedern Sie eher zu stark als zu wenig. Eine detaillierte Gliederung erleichtert die weitere Erarbeitung des Themas.

2.4.1 Arbeitshinweise zur Erstellung einer Gliederung

Die Gliederung soll die Struktur der Arbeit und den logischen Ablauf der Argumentation klar und übersichtlich darstellen. Die Erkenntnisse müssen so geordnet werden, dass sie logisch nachvollziehbar sind. Denken Sie dabei bitte immer an den Leser Ihrer Arbeit. Er muss schnell nachvollziehen können, welche Schwerpunkte Sie setzen und wie Sie vorgehen wollen. Bereits während Ihrer Materialsammlung sollten Sie eine erste Gliederung entwickeln. Auf diese Weise können Sie gut feststellen, wie weit Sie mit Ihrer Arbeit vorangekommen sind. Eine endgültige Gliederung sollte mit Beginn der Arbeit am Rohmanuskript feststehen. Ansonsten laufen Sie Gefahr, Ihre geschriebenen Kapitel des Öfteren umzustellen. Für die Gliederung Ihrer Facharbeit müssen Sie Ihre inhaltlichen Vorstellungen in eine hierarchische Form bringen. Wie diese konkret aussieht, hängt stark vom Inhalt ab.

Formen einer Gliederung sind zum Beispiel:

- eine chronologische Gliederung (entsprechend des zeitlichen Ablaufs des Geschehens),
- eine Gliederung vom Allgemeinen zum Besonderen,
- eine vom konkreten Beispiel ausgehende Gliederung, die zur theoretischen Begründung hinführt,
- eine von der Theorie zur Anwendung führende Gliederung,
- eine Gliederung entsprechend der Ursache und Wirkung-Beziehung (es ist auch möglich, zuerst die Wirkung zu beschreiben, um darauf basierend die Ursachen herauszustellen),
- eine vergleichende oder gegenüberstellende Gliederung.

Die genannten Formen sind auch miteinander verknüpfbar.

2.4.2 Unterscheidung verschiedener Gliederungsebenen

Die jeweilige Kapitelüberschrift muss aussagekräftig sein, ein Wort reicht hier nicht aus. Der Kapitelüberschrift folgen sogenannte Unterkapitel, die auch noch einmal untergliedert werden können. Wenn Sie untergliedern, denken Sie daran, dass immer mindestens zwei Untergliederungspunkte auf jeder Gliederungsebene vorhanden sein müssen. Als Beispiel soll hier die Gliederung zu einem geschichtlichen Thema vorgestellt werden.

Thema: Die Auseinandersetzung mit dem Eichmann-Prozess und dessen öffentliche Wahrnehmung in Israel und Deutschland

1 Einleitung

2 Der Prozess gegen Adolf Eichmann als Wendepunkt in der Rezeption des Holocaust

2.1 Selbstverständnis und gegenseitige Wahrnehmung der israelischen Bevölkerung vor dem Eichmann-Prozess
2.2 Gesellschaftliche Kräfte, die hinter dem Eichmann-Prozess standen und deren Ziele
2.3 Ablauf des Prozesses und Strategie der Anklage sowie der Verteidigung
2.4 Auswirkungen des Prozesses auf die israelische Gesellschaft, die Holocaustrezeption in Israel sowie die Identität des Staates Israel
2.5 Medialer Umgang mit dem Eichmann-Prozess in Israel und Deutschland

3 Aspekte der historischen und gesellschaftlichen Aufarbeitung

3.1 Hannah Arendt und das Bild des Schreibtischtäters: die Banalität des Bösen
3.2 Die Kritik von Hans Mommsen an Hannah Arendt im Rahmen des „einleitenden Essays“
3.3 Zur Bewertung des Eichmann-Prozesses in der DDR und der BRD
3.3.1 Situation Deutschlands nach dem Zweiten Weltkrieg im Kontext des Kalten Krieges und der Entwicklung zweier deutscher Staaten
3.3.2 Die Haltung der ostdeutschen politischen Öffentlichkeit zum Eichmann-Prozess
3.3.3 Die Haltung der BRD zur Vergangenheit des Nationalsozialismus am Beispiel der Bewertung des Eichmann-Prozesses

4 Museale Aufarbeitung des Eichmann-Prozesses

4.1 Die Sonderausstellung „Der Eichmann-Prozess“ im Dokumentationszentrum „Topographie des Terrors“ in Berlin
4.1.1 Wesentliche Elemente der Gestaltung der Ausstellung
4.1.2 Medienstationen und Prozessprotokolle als Möglichkeit der Konfrontation mit der Person Eichmann und Entlarvung seiner Verteidigungsstrategien
4.2 Betrachtungen zur Analyse von Prof. Dr. Thomas Noetzel
4.3 Besucherreaktionen und Pressekritiken

5 Fazit

2.5 Vom Rohmanuskript zur Reinschrift

Ordnen Sie Ihre angefertigten Auszüge, eigenen Ideen, Bemerkungen und Schlussfolgerungen nach der aufgestellten Gliederung und arbeiten Sie diese an entsprechender Stelle ein. Haben Sie im Vorfeld das Material sorgfältig zusammengestellt, bleibt Ihnen die nochmalige Durchsicht der Literatur erspart und Sie können auf der Grundlage Ihrer Notizen, ob als Exzerpt oder Karteisystem, mit dem Schreiben des Rohmanuskripts beginnen. Zunächst kommt es nicht darauf an, endgültige Formulierungen zu notieren.

2.6 Vorwort, Einleitung und Schlussteil

VORWORT	EINLEITUNG	SCHLUSSTEIL
• wird gewöhnlich nur Doktorarbeiten, Habilitationen oder Buchveröffentlichungen vorangestellt • trifft Aussagen über den Modus der Erstellung der Facharbeit • enthält Dank an Personen und Institutionen • enthält Hinweise und Erläuterungen, die nicht unmittelbar zum eigentlichen Thema gehören	• Inhalt wird vom Charakter der jeweiligen Facharbeit bestimmt • enthält eine Ein- bzw. Abgrenzung des Themas • begründet die Schwerpunktsetzung • nennt die leitende Fragestellung • zeigt Wege zur Problembearbeitung auf • begründet den gewählten Weg Eine Einleitung ist kein Ersatz und keine Vorwegnahme des Hauptteils und auch **kein Vorwort**. **Es empfiehlt sich, die Einleitung erst nach der Erstellung der Facharbeit zu schreiben.**	• Inhalt wird von den Ausführungen des Hauptteils bestimmt **Mögliche Vorgehensweise:** • die Beantwortung einer eingangs aufgeworfenen Frage • eine Zusammenfassung der Ergebnisse der Facharbeit • ein Ausblick als Verweis auf ungeklärte Probleme • persönliche Schlussfolgerungen • thesenhafte Einordnung des Problems in einen größeren Zusammenhang Der Schlussteil ist kein Ersatz für Schwächen im Hauptteil der Facharbeit. Man sollte außerdem Spekulationen und nicht bewiesene Behauptungen vermeiden.

2.7 Abschließende Korrekturen

Bevor Sie Ihre Facharbeit abgeben, sollten Sie diese nochmals gründlich durchlesen und möglichst auch einmal von einer anderen Person lesen lassen, um eventuelle Fehler aufzuspüren. Zwischen dieser Schlusskorrektur und der eigentlichen Niederschrift der Arbeit ist es günstig, eine gewisse Zeit vergehen zu lassen, um etwas Abstand zu Ihrer eigenen Arbeit zu gewinnen.

2.8 Eigenanteil

Eine wichtige Anforderung bei der Erstellung der Facharbeit ist die Einbeziehung eines Eigenanteils. Die Gewinnung und Auswertung eigener Forschungsergebnisse im Rahmen des gewählten Themas ermöglicht eine noch spezifischere Auseinandersetzung. Hierbei ergeben sich verschiedene Möglichkeiten für Sie, wobei themenspezifisch darüber nachgedacht werden sollte, welche Art des Eigenanteils gewählt werden kann, der das Thema sinnvoll aus der eigenen Perspektive erweitert. Es geht nicht darum, völlig neue Wege in der Wissenschaft zu beschreiten und nobelpreisverdächtige Entdeckungen zu machen, sondern darum, ein Problem aufzuwerfen oder eine interessante Frage zu stellen. Eine Lösung scheint möglich mithilfe der Ergebnisse eigener Untersuchungen, Experimente oder sonstiger praktischer Arbeiten. Dabei ist der Umfang, die Tiefe und der Komplexitätsgrad des aufgeworfenen Problems erheblich geringer als im Bereich universitärer Forschung. Die Möglichkeit zu eigener Forschung bietet sich prinzipiell in fast allen Fachbereichen.

TIPP: EIGENE FORSCHUNGSARBEIT

Wie wird eine eigene Forschungsarbeit erstellt?

Eine eigene Forschungsarbeit gliedert sich in drei Phasen:

1. Planung der Arbeit
2. Durchführung der Arbeit
3. Auswertung und Darstellung der Ergebnisse

Was ist der Ausgangspunkt einer eigenen Forschungsarbeit?

Am Beginn jeder Forschungsarbeit steht:

- ein aufgeworfenes Problem,
- eine gestellte Frage,
- eine aufgestellte Hypothese,
- ein konkreter Forschungsauftrag.

Wie gehen Sie vor?

- klares Erfassen des Ausgangspunktes der Forschungsarbeit
- Ziel der Forschung eindeutig festlegen und schriftlich fixieren
- Was soll konkret mit der Forschungsarbeit erreicht, was nachgewiesen, was bewiesen oder widerlegt werden?

Was sollten Sie bei der Planung der Forschung noch beachten?

- Wie soll das gesteckte Ziel erreicht werden?
- Welche konkreten Arbeitstechniken können zum Erreichen des Forschungszieles zur Anwendung gelangen?
- Welche konkreten Arbeitsschritte müssen unternommen werden?
- Wie sieht eine sinnvolle Reihenfolge dieser Arbeitsschritte aus?

Arbeitsauftrag

Nutzen Sie die vorliegende Mindmap, um sich Gedanken über den Eigenanteil in Ihrer Arbeit zu machen. Erweitern Sie die Mindmap mit eigenen Ideen.

Mindmap zum Eigenanteil einer Facharbeit

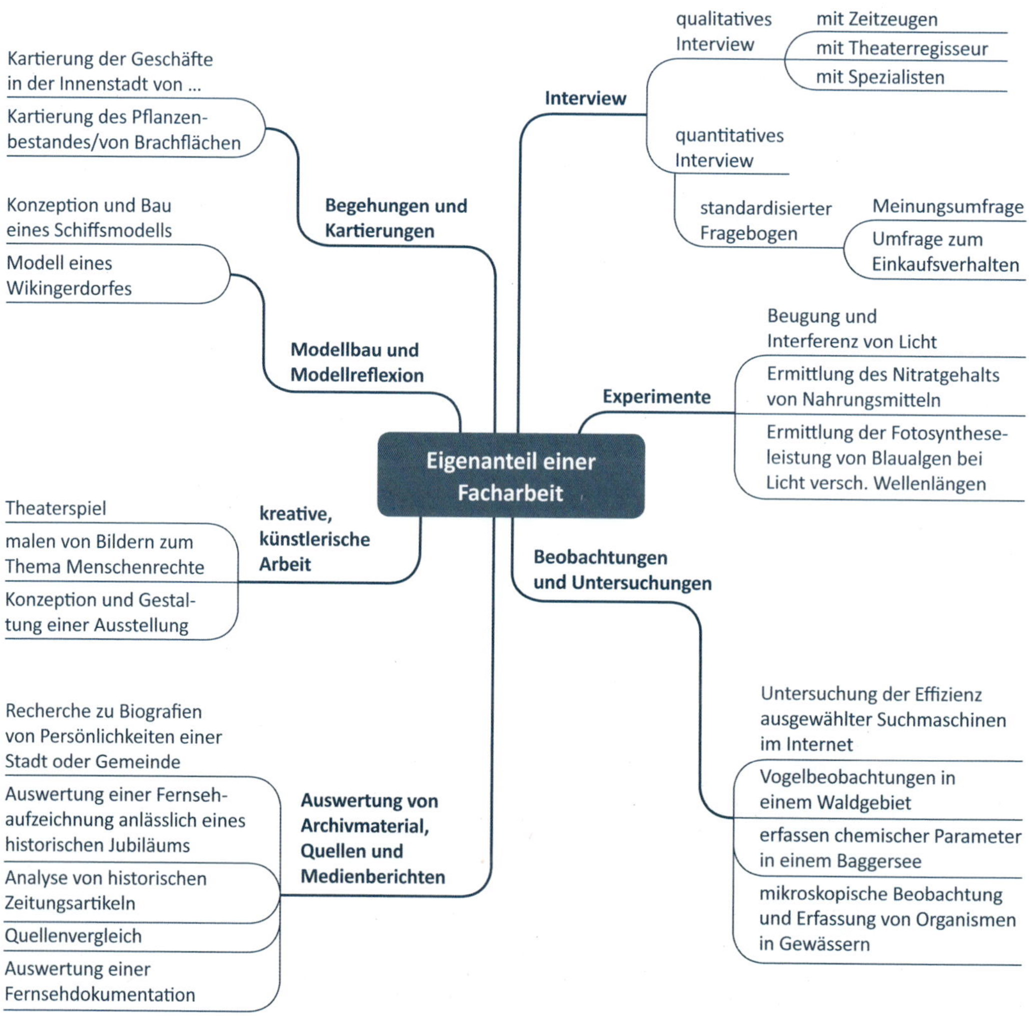

2.8.1 Vorteile und Probleme bei der Einbeziehung eigener Forschungen

Vorteile

- Motivation – Freude daran haben, eine eigene Forschungsarbeit zu planen, durchzuführen und mit Spannung die erwarteten Ergebnisse auszuwerten
- gute Vorbereitung für ein späteres Studium (Arbeiten mit einem Anteil eigener Forschung entsprechen den an der Hochschule zu erstellenden Seminar- und Abschlussarbeiten)

Nachteile

- eigene Forschung muss sehr sorgfältig geplant und durchgeführt werden
- ist zeitaufwändiger als reine Literaturarbeit
- kann unter Umständen zu einem nicht befriedigenden Forschungsergebnis führen
- Arbeitstechniken finden Verwendung, die im Schulalltag z. T. noch nicht besonders intensiv eingeübt worden sind

2.8.2 Interviewmethoden: qualitative und quantitative Interviews und deren Nutzen

Wenn Sie sich dafür entscheiden, im Rahmen Ihrer Facharbeit ein Interview zu führen, müssen Sie zwischen zwei methodischen Ansätzen unterscheiden. Die Sozialwissenschaft bedient sich **qualitativer und quantitativer Methoden**. Beim qualitativen Interview werden die interviewten Personen zu einem bestimmten Themengebiet direkt durch den Interviewer in einem Gespräch befragt. Im Vergleich zu quantitativen Methoden der Befragung, wie beispielsweise dem Fragebogen oder dem standardisierten quantitativen Interview, ist das qualitative Interview durch wesentlich größere Offenheit und Flexibilität geprägt.

2.8.2.1 Qualitative Methoden

Für die Planung einer qualitativen Studie sind folgende Schritte zu bedenken:

Methodenauswahl – Datenbeschaffung – Datenaufbereitung – Datenauswertung und Dateninterpretation – Dokumentation der Ergebnisse

Bei der Methodenauswahl muss beachtet werden, auf welche Art und Weise Sie zu den erforderlichen Daten kommen wollen. Sie können sich hierbei entscheiden zwischen:

- visuellen Daten (Beobachtung),
- verbalen Daten (Interview),
- Dokumenten (Film, Bild, schriftliche Quellen).

Beispielhaft soll hier auf die **verbale Datenerfassung** in Form von leitfadengestützten Interviews eingegangen werden. Diese können als problemzentrierte Interviews, Experteninterviews oder Erzählungen (erzählende oder offene Interviews) geführt werden.

Zuerst sollte die **Interviewsituation** geklärt sein: Stellt Ihr Interview eine Forschungssituation, ein Verhör, eine Episode im Alltag oder einen Eingriff in die Lebenswelt dar?

Im Vorfeld des Interviews müssen Sie sich mit der Frage der **Gesprächstechnik** beschäftigen. Bedenken Sie folgende Dinge:

- Vertrauensbasis zum Interviewpartner herstellen
- freie Erzählphasen nicht blockieren oder unterbrechen
- Fragen der Gesprächsführung anpassen
- auf Angleichung des Sprachstils achten
- keine suggestiven (beeinflussenden) Vorgaben machen
- bewertende oder kommentierende Äußerungen vermeiden

Dauer eines qualitativen Interviews:
Die benötigte Zeit ist von der Komplexität der Thematik abhängig. Planen Sie deshalb für Ihr Interview mindestens 30 Minuten bis zu zwei Stunden an Zeit ein. Zur Vorbereitung des Interviews gehört ein Gesprächsleitfaden. Sie können eine Person nicht zum Interview bitten, wenn Sie keine geeignete zentrale Fragestellung vorbereitet haben, die auf die für Sie relevanten Schwerpunkte zielt.

Bestandteile des Gesprächsleitfadens sind:

- ein Katalog von Sozialdaten über die zu befragende Person
- Eingangsstimulus („Phase der Erwärmung“ oder wie schließe ich meinen Gesprächspartner für meine Fragen auf?)
- Fragenkomplexe (offene Fragen)
- Bilanzierungsteil

Sie sollten sich im Vorfeld des Interviews darüber Klarheit verschaffen, was Sie genau vom Interviewpartner erfahren möchten. Dazu ist ein vorher ausgearbeiteter **Fragenkatalog** notwendig.

Beispiel 1: Ein Interview mit einem Theaterregisseur

Ziel:
Sie möchten herausfinden, warum der Regisseur eines Theaterstücks seine Inszenierung auf bestimmte Art und Weise geplant und umgesetzt hat.

Vorbereitung:
Sie sollten sich im Vorfeld intensiv mit den Inhalten des Stückes beschäftigen, es im Theater auf der Bühne gesehen und mit anderen Besuchern darüber gesprochen haben. Dann können Sie sich speziell auf das Interview vorbereiten, indem Sie Ihre Fragen an den Regisseur schriftlich formulieren. Damit fällt es Ihnen auch leichter, Ihre Zielsetzung während des Interviews nicht aus dem Auge zu verlieren.

Ihre Fragen könnten lauten:
- Weshalb haben Sie sich gerade dieses Theaterstück für eine Inszenierung ausgesucht?
- Inwiefern ist das Theaterstück für Sie bedeutsam und besonders gelungen?
- Worauf wollen Sie mit dem Stück aufmerksam machen?
- Welche Charaktere waren Ihnen wichtig?
- Es folgen weitere Fragen zu verschiedenen Personen im Stück ...
- Warum ist das Bühnenbild so speziell gestaltet, weshalb waren einzelne Teile für Sie wichtig?
- Was wollten Sie bei den Zuschauern erreichen?

Beispiel 2: Ein Interview mit den Eltern eines Kindes über die Chancen und Grenzen der Arzneimittelforschung

Ziel:
Sie möchten herausfinden, warum Eltern sich bereit erklären, zu Forschungszwecken Medikamente an ihr schwerkrankes Kind verabreichen zu lassen.

Vorbereitung:
Sie müssen sich im Klaren darüber sein, dass Sie ein hochsensibles, emotionales Thema ansprechen und auf betroffene Menschen stoßen, die nicht sofort einer fremden Person gegenüber alle Befindlichkeiten offenbaren werden. Deshalb sollten Sie Ihren Fragenkatalog sorgfältig planen, sich im Vorfeld des Interviews vielleicht mit der Person treffen und persönlich Ihr Anliegen schildern.

Während des Interviews müssen Sie darauf eingestellt sein: Nicht alle Fragen können aus den verschiedensten Gründen beantwortet werden. Seien Sie sensibel und weichen Sie gegebenenfalls auch einmal von Ihrem Interviewleitfaden ab, wenn Sie bemerken, dass Ihre Fragen den Interviewpartner zu stark belasten.

Ihre Fragen könnten lauten:

- Sie wurden im Aufklärungsgespräch mit dem behandelnden Arzt darüber informiert, dass Sie an einer Therapieoptimierungsstudie teilnehmen. Wie sind Sie damit umgegangen nicht genau zu wissen, welches Medikament zur Anwendung kommt?
- Die Bindung zwischen Ihnen und dem Kind ist ziemlich eng?
- Wie war das Gespräch mit dem Arzt für Sie? Haben Sie sich gut aufgeklärt gefühlt oder hätten Sie sich mehr Informationen gewünscht?
- Wie war es am Anfang für Sie auf der Station im Krankenhaus?
- Welche Meinungen gibt es in Ihrer Familie zu dieser Studie?
- Es sind ja schwere Krankheiten, die hier in Studien behandelt werden. Stimmt Ihre Verwandtschaft dem zu? Oder gibt es auch Streit über diese Art der Behandlung?
- Das Wort „Studie" wird oft im Zusammenhang mit „Experiment" genutzt. Was denken Sie hierzu?
- Haben Sie während der Untersuchungen Angst um Ihr Kind?
- Gibt es Kontakte mit anderen Eltern betroffener Kinder?
- Ist es auch ein Problem, dass sich viele Eltern und ihre Kinder zurückziehen und nicht mehr mit anderen darüber sprechen wollen?

TIPP: INTERVIEW

Während des Interviews sollten Sie sich wichtige Aussagen Ihres Interviewpartners notieren oder unmittelbar danach ein Gedächtnisprotokoll anfertigen. Eine bessere Möglichkeit ist es jedoch, vor dem Interview nachzufragen, ob Sie es mit einem Diktiergerät aufzeichnen dürfen. Damit muss der Interviewte aber auch einverstanden sein. Wenn Sie im Vorfeld eine vertrauensvolle Atmosphäre geschaffen haben, stellt dies in der Regel kein Problem dar. So können Sie leichter ein Protokoll Ihres Interviews anfertigen, welches in den Anlagenteil Ihrer Facharbeit aufgenommen wird. Hierbei sollten Sie beachten, Datum, Uhrzeit, Ort und die Namen des Interviewers und der interviewten Person zu erfassen, bevor Sie das gesamte Interview als Frage-Antwort-Protokoll notieren. So stellen Sie außerdem sicher, dass Sie im Textteil Ihrer Arbeit Bezüge zu Ihrem Interview setzen, dieses entsprechend auswerten und in die Darstellung einbeziehen können.

Beispiel 3: Ein Interview mit einem Menschenrechtspreisträger

Ziel:

Sie möchten herausfinden, wie sich eine Person für die Einhaltung der Menschenrechte engagiert und warum sie es tut.

Vorbereitung:
Eine konkrete Terminvereinbarung ist unumgänglich, da Sie nicht jeden Tag auf einen Menschenrechtsaktivisten treffen werden. Vielleicht ist es im Rahmen einer öffentlichen Veranstaltung möglich, eine solche Person zu kontaktieren und ein Interview zu vereinbaren.

Sie sollten sich im Vorfeld des Interviews unbedingt mit der Biografie der Person und deren Aktivitäten beschäftigen. Ansonsten werden spezifische Fragen nur schwer möglich sein.

Ihre Fragen könnten lauten:
- Ich bin sehr daran interessiert herauszufinden, wie in der heutigen modernen Zeit Verbrechen gegen die Menschlichkeit stattfinden können, und möchte Ihnen gern einige Fragen zu Ihrer Arbeit als Menschenrechtler stellen. Was tun Sie selbst gegen die Verletzung von Menschenrechten?
- Was denken Sie, wie viele Menschen von der Verletzung der Menschenrechte heute betroffen sind?
- Sind Sie während Ihrer Arbeit als Menschenrechtler Drohungen ausgesetzt?
- Welche Erfolge konnten Sie in Ihrer bisherigen Arbeit erreichen?
- Was können wir selbst gegen Menschenrechtsverstöße unternehmen?

Aufbereitung der Ergebnisse

Nachdem Sie das Interview geführt haben, müssen die Ergebnisse aufbereitet werden.

Zur **Datenaufbereitung** gehören:
- Interviewaufbereitung
- Aufzeichnung mit Tonband oder Gedächtnisprotokoll
- Dokumentation der Interviewsituation
- Nachbetrachtung des Gesprächsverlaufs (Verständnisfragen)
- Transkription (Protokoll)

Sie sollten nun an die **Interpretation des Einzelfalles** herangehen. Hierzu verfassen Sie einen Text, in dem Sie:
- die **interviewte Person beschreiben**,
- den **Gesprächsverlauf zusammenfassen**,
- eine **Detailanalyse der Aussagen anfertigen** und
- eine **abschließende Gesamtinterpretation** vornehmen.

Haben Sie mehrere Personen zum gleichen Thema interviewt, müssen Sie eine vergleichende Interpretation durchführen. Nur so können Unterschiede, spezifische Details und Gemeinsamkeiten herausgearbeitet werden.

Vor- und Nachteile qualitativer Interviews
Die offene Gestaltung der Interviewsituation, ähnlich einer Unterhaltung, führt zu einer besseren Motivation der befragten Person(en). Sie erhalten keine vorgegebenen, standardisierten Antworten und können individuell entscheiden, wie sie sich zu den Fragen äußern möchten. So erhält man eine eher subjektive Sicht der interviewten Person, die eventuell ehrlicher ist als ein Kreuz auf einem Fragebogen im Rahmen der quantitativen Methode. Von Vorteil ist, dass die Person tiefgründiger befragt, Hintergründe beleuchtet und eventuell bisher unbekannte Sachverhalte herausgestellt werden können.

Andererseits ist die qualitative Interviewmethode ziemlich zeitintensiv. Außerdem muss man eine gewisse Erfahrung in der Führung solcher Interviews haben, um auch an die erforderlichen Daten und Ergebnisse zu kommen. Die Auswertung ist aufwändig und die Ergebnisse können nicht mit der Meinung einer bestimmten Menge an Personen gleichgesetzt werden.

2.8.2.2 Quantitative Methoden

Bei der **quantitativen Methode** wird Verhalten in Form von zahlenmäßigen Ausprägungen, Modellen und Zusammenhängen möglichst genau beschrieben und vorhersagbar gemacht. Dabei steht die Befragung oder Beobachtung einer möglichst großen und repräsentativen **Zufallsstichprobe** (Ergebnis einer nach Zufallsauswahl durchgeführten Erhebung) mithilfe eines standardisierten **Fragebogens** im Mittelpunkt.

Jede zu befragende Person erhält exakt denselben Fragebogen, um die Aussagen aller Befragten vergleichen zu können, bzw. jeder Beobachter geht nach dem gleichen Beobachtungsschema vor. Damit sind die gleichen Voraussetzungen für alle Befragten gegeben.

Häufig wird auf diese Art und Weise eine vorher festgelegte Hypothese anhand der ermittelten Daten überprüft.

Zur Erstellung geeigneter Fragebögen ist es wichtig, dass Sie über Kenntnisse zu relevanten Inhalten und Beurteilungskriterien verfügen. Denn einfach Ja- oder Nein-Antworten vorzugeben, führt kaum zum Ziel.

Vor- und Nachteile quantitativer Interviews
Mithilfe dieser Interviewmethode erhält man exakte und quantifizierbare (mengen-, zahlen- oder wertmäßig beschreibbare) Ergebnisse. Hierdurch wird es möglich, statistische Zusammenhänge herzustellen. Jedoch kann man nur durch die Befragung eines größeren Personenkreises repräsentative Ergebnisse erreichen. Das wird Ihnen im Rahmen einer Facharbeit jedoch in diesem Umfang nicht möglich sein.

Sie sollten aber im Rahmen einer vorwissenschaftlichen Studie auf jeden Fall den Versuch unternehmen, eine kleine quantitative Befragung durchzuführen. Ein geringerer Zeitaufwand als bei einer qualitativen Studie, die größere Objektivität und Vergleichbarkeit sind entscheidende Vorteile dieser Interviewart. Jedoch sind auch die Nachteile einer quantitativen Studie nicht zu verschweigen.

Da die Fragen vorher festgelegt sind und die jeweilige Person nicht individuell befragt werden kann, ist eine Ermittlung der Gründe für diese oder jene Antwort nicht möglich. Vorschläge zur Veränderung der erfragten Situation oder Befindlichkeit der Person können nicht erfasst werden. Dazu bedarf es des Einsatzes offener Fragen, deren Auswertung wieder aufwändiger ist.

Auf den folgenden Seiten finden Sie einige Beispiele für Fragebögen.

Beispiel 1: Verhältnis der Mitteleuropäer zum Schönheitsideal der Geisha

Wie attraktiv sind diese jungen japanischen Frauen für Sie?
(Geben Sie ihnen eine Bewertung nach Schulnoten von 1 bis 6.)
☐ 1 ☐ 2 ☐ 3 ☐ 4 ☐ 5 ☐ 6

Wie wirkt das gesamte Erscheinungsbild der Geisha auf Sie? (Wählen Sie aus den vorgegebenen Optionen bzw. ergänzen Sie eigene Eindrücke.)
interessant – geheimnisvoll – fremdartig – erotisch – amüsant – nicht ansprechend – künstlich – theatralisch – diszipliniert – stilvoll – konservativ – aufgesetzt – zu extrem geschminkt

---

Was spricht Sie bei der Betrachtung besonders an? (Wählen Sie aus den vorgegebenen Optionen bzw. ergänzen Sie äußere Merkmale, die Ihnen besonders positiv auffallen.)
Bekleidung – Farben – Haare – Ausstrahlung – Fremdartigkeit – Schminke – Andersartigkeit – nicht ansprechend

---

Inwiefern wirkt der Nacken mit der Bemalung erotischer auf Sie als ohne das Muster?

Inwiefern würden Sie in unserem europäischen Raum eine solche oder ähnliche Kleidung bei Frauen gegenüber normaler Alltagskleidung bevorzugen?

Beispiel 2: Umfrage zum Coca-Cola-Kult

Wie alt sind Sie?

☐ unter 20 ☐ 20 – unter 25 ☐ 25 – unter 30 ☐ 30 – unter 50
☐ 50 und älter

Ihr Geschlecht?

☐ weiblich ☐ männlich

Was verstehen Sie unter Kult?

____

Wie oft konsumieren Sie Coca-Cola?

☐ täglich ☐ wöchentlich ☐ monatlich ☐ seltener ☐ nie

Wann und wo trinken Sie Coca-Cola?

☐ zu Hause ☐ auf Feierlichkeiten/Partys ☐ am Arbeitsplatz

☐ anderes: ______________________________

Wo begegnet Ihnen Coca-Cola im Leben?

____

Nennen Sie einen Coca-Cola-Werbeslogan, ein Werbelied oder eine Werbefigur.

____

Sehen Sie Coca-Cola als Kultobjekt an?

☐ ja ☐ nein

Wenn ja, warum ist Ihrer Meinung nach Coca-Cola Kult? Wenn nein, warum nicht?

____

Nennen Sie drei andere Cola-Sorten.

____

Worin unterscheidet sich Coca-Cola von anderen Cola-Sorten?

____

Beispiel 3: Energienutzung

1. Allgemeine Angaben

Wie alt sind Sie? ______ Jahre

Jährlicher Stromverbrauch ________________ kWh/Jahr

Haushaltsgröße ______ Personen

Ihr derzeitiger Stromanbieter ____

2. Welche Begriffe assoziieren Sie mit den folgenden Energiequellen?

Kernenergie

☐ sauber und sicher
☐ Atomausstieg
☐ billig und effizient
☐ Tschernobyl
☐ umweltfreundlich und CO_2- frei
☐ Endlagerungs- und Transportprobleme

Windenergie

☐ unendlich verfügbar (regenerativ)
☐ Windräder zerstören die Umwelt durch die Emissionen ihrer Motoren.
☐ hohe Effizienz
☐ größter Anteil am Energiemix in Deutschland
☐ Windräder stören anliegende Wohngebiete durch ihren hohen Geräuschpegel.
☐ Windräder stellen eine Weiterentwicklung der Windmühlen dar.

Biomasse

☐ CO_2-neutral/sauberer Strom
☐ Nahrungsmittelkonkurrenz
☐ überwiegender Anbau von Monokulturen
☐ geruchsintensiv
☐ zukunftsträchtig
☐ effektive Verwertung von biologischen Reststoffen

Braunkohle

☐ schmutzig
☐ umweltfreundlich
☐ hoher Schadstoffausstoß
☐ preiswerte Herstellungskosten für Strom
☐ in Deutschland reichlich verfügbar
☐ Tagebau verschandelt die Landschaft
☐ Rekultivierung von Tagebauen wird in großem Stil bereits durchgeführt.

3. Welche Energiequellen sind für Sie zukunftsträchtig?

☐ Kohle ☐ Kernenergie ☐ Biomasse ☐ Windenergie
☐ Wasserenergie ☐ Offshore ☐ Andere: ____________

4. Welche Energiequelle halten Sie für die effizienteste?

☐ Kohle ☐ Kernenergie
☐ Biomasse ☐ Windenergie ☐ Andere: ____________

5. Welche Energiequelle macht Ihrer Meinung nach den größten Anteil bei der Stromerzeugung aus? (Sortieren Sie die genannten Energiequellen nach absteigender Wertigkeit, indem Sie sie mit den Ziffern 1 bis 4[1] versehen.)

Windenergie: ________ Stelle Kernenergie: ________ Stelle

Kohle: ________ Stelle Biomasse: ________ Stelle

6. Worauf achten Sie am meisten bei der Wahl Ihres Stromanbieters? (Bitte kreuzen Sie bis zu drei Antworten an, die Ihnen wichtig sind.)

☐ Preis
☐ regionaler Anbieter
☐ überregionaler Anbieter
☐ gute Werbung
☐ umweltfreundlich und CO_2-frei
☐ Zukunftsinvestitionen

7. Was tun Sie selbst zur Verringerung des Energieverbrauchs in Ihrem Haushalt?

☐ Ich achte beim Kauf von Elektrogeräten auf einen niedrigen Stromverbrauch.
☐ Ich schalte Stromgeräte, wenn ich sie nicht nutze, aus und vermeide Stand-by-Verluste.
☐ Ich nutze Energiesparlampen.
☐ Ich schalte das Licht beim Verlassen des Zimmers aus.
☐ Ich kümmere mich derzeit nicht darum.

☐ Sonstiges: ____________________________

[1] 1 = am meisten zur Stromerzeugung verwendet, 4 = am wenigsten verwendet

2.8.3 Betriebserkundung

Wenn Sie im Rahmen des Themas Ihrer Facharbeit ein Unternehmen näher analysieren wollen, ist es erforderlich, systematisch vorzugehen. Sie können je nach Untersuchungsgegenstand folgende Schwerpunkte in die Betrachtungen einbeziehen, die Sie, neben der Analyse von schriftlichen Materialien der Firma, zum Beispiel auch mithilfe der Interviewmethode (→ Kapitel 2.8.2) hinterfragen können.

Wirtschaftliche Aspekte:
- Unternehmensgeschichte und -entwicklung
- Unternehmensstruktur
- Standortanalyse, Standortfaktoren (Push/Pull)
- Produktspektrum, Produktionsverfahren, Einsatz von Technik
- Arbeitskräftepotential
- Zielgruppen/Kundenkreis
- Rolle der Konkurrenz durch andere Unternehmen der gleichen Sparte
- Vermarktungsstrategien/Marketingkonzepte
- Bedeutung des Unternehmens auf dem nationalen bzw. internationalen Markt
- Zukunftsperspektiven des Unternehmens

Technologische Aspekte:
- Produktpalette
- Herstellungsverfahren
- Produktionsweg
- Qualitätsmanagement
- eigenes Forschungspotential (Forschungsabteilung)
- Anforderungen des Arbeitsprozesses an die Arbeitnehmer
- Veränderungen des technischen Know-hows

Soziale Aspekte:
- Mitbestimmungsrechte der Arbeiter/Angestellten des Unternehmens
- Angebote sozialer Leistungen/Einrichtungen durch das Unternehmen
- Fortbildungsmöglichkeiten für die Arbeiter/Angestellten
- Arbeitszeitmodelle, Schichtbetrieb
- Relation von weiblichen und männlichen Arbeitskräften

Berufskundliche Aspekte:
- Spektrum der Berufe im Unternehmen
- Möglichkeiten der Lehrausbildung

Kaufmännische Aspekte
- Gewinn- und Verlustbetrachtungen
- Lagerhaltung/Logistik/just in time
- Einkauf von Rohstoffen
- optimale Preisgestaltung usw.

Umweltpolitische Aspekte:
- Umweltverträglichkeit, Schadstoffpotential
- Maßnahmen für den Umweltschutz
- Auflagen für das Unternehmen in umweltpolitischer Hinsicht (Vorschriften, rechtliche Grundlagen)
- Investitionen im Bereich Umweltschutz
- Subventionen der öffentlichen Hand für umweltbewusste Produktion
- Beiträge zum Umweltschutz in verschiedenen Problembereichen (Abfall, Abwasser, Lärm, Luft)
- ressourcenschonende Produktion und Wiederverwertungskonzepte

Arbeitsauftrag

Nehmen wir an, Sie haben sich als Aufgabe gestellt, das Unternehmen Coca-Cola, das bekanntlich weltweit agiert, aber auch in Deutschland an verschiedenen Standorten arbeitet, zu analysieren. Dabei wollen Sie genauer untersuchen, weshalb dieses Unternehmen so erfolgreich ist und sich zu einer globalen Marke entwickelt hat. Eventuell wäre es auch denkbar, einen Standort des Unternehmens in Ihrer Nähe in die Betrachtungen einzubeziehen. Stellen Sie anhand oben genannter möglicher Untersuchungsaspekte eine Mindmap zusammen, die mögliche Schwerpunktsetzungen für Ihre Betrachtungen enthält.

Hinweis: Sie können sich hierzu auch mit dem unter Kapitel 2.8.2 vorgestellten Fragebogen über das Unternehmen Coca-Cola beschäftigen und daraus eigene Ideen entwickeln.

Mindmap zur Analyse eines Unternehmens

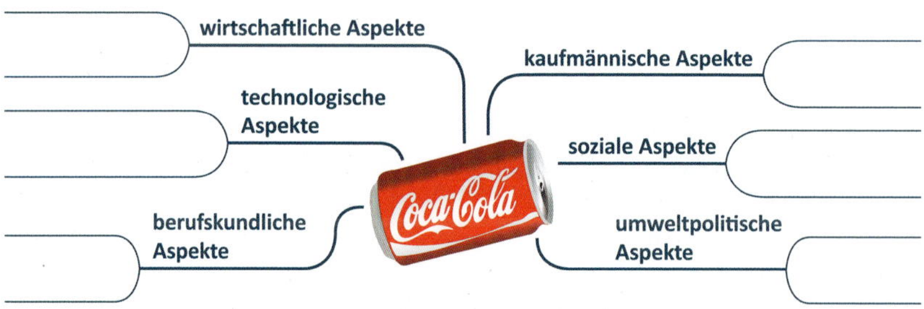

TIPP: GLIEDERUNG

Aus der angefertigten Mindmap lässt sich recht gut eine erste Gliederung für eine Facharbeit erarbeiten. Versuchen Sie dazu einfach Ihre gesetzten Schwerpunkte in Gliederungsschwerpunkte (→ Kapitel 2.4) umzuwandeln.

2.8.4 Experiment als Methode

Das Experiment findet als wissenschaftliche Methode vor allem im naturwissenschaftlichen Bereich seinen Einsatz. Aber auch in den Sozialwissenschaften und der Psychologie sind Experimente möglich. Mithilfe eines Experimentes können Sie folgende Dinge herausfinden:

- Aussagen können bezüglich ihres Wahrheitsgehalts untersucht werden („wahr" oder „falsch").
- Zusammenhänge können dargestellt bzw. hergestellt werden.

Das Experiment hat zum Ziel, Ihre Selbsttätigkeit zu fördern. Sie können durch probieren, untersuchen, prüfen, kontrollieren usw. neue Sachverhalte erforschen. In erster Linie geht es um das Entdecken und Finden von etwas, was man noch nicht genau weiß, aber auch das „Warum" von bereits gemachten Erfahrungen und Erkenntnissen steht im Mittelpunkt.

Am Anfang steht dabei ein Problem, das beschrieben werden soll. Erste Behauptungen (Hypothesen) sind zu sammeln. Im nächsten Schritt erfolgt die Suche nach möglichen Erklärungen und Lösungsoptionen. In der Folge wird eine Erklärung aufgestellt und in ihrer Behauptbarkeit geprüft. Notwendig sind dabei weitere Beobachtungen und Untersuchungen/Experimente, um sie kritisch zu hinterfragen und einer Prüfung zuzuführen.

Wie kann nun im Detail ein Experiment ablaufen?

1. Entwicklung einer Fragestellung

- **Konfrontation mit einem Problem** (Was hat mich im Alltag verwundert, erstaunt, verwirrt?)
- **Formulierung einer präzisen Fragestellung** (Was will ich herausfinden?)Die konkrete Fragestellung zu einem Experiment bildet sich oft erst heraus, wenn man ein unerklärliches Phänomen betrachtet und Vermutungen und Fragen aufstellt.
- **Aufstellung sachlicher Hypothesen**
  Hinweis: Die Hypothese darf keine Negationen enthalten, muss als Aussage formuliert werden und soll sich nicht widersprechen.
- Wie kann die Hypothese überprüft werden? Welche Materialien werden dazu benötigt?
- **Operationalisierung** („Messbarmachung") **der Hypothese** (Festlegung, auf welche Weise ein Begriff oder Sachverhalt beobachtbar bzw. messbar gemacht werden soll.)
- Überlegen Sie, wie Sie das Ergebnis Ihres Experiments messen oder auch mit anderen Ergebnissen vergleichen.

- **Rolle von Variablen**: Sie können die verschiedenen Stoffe, mit denen Sie experimentieren gegen andere Materialien austauschen, sie variieren, um die Wirkung dieser Veränderung auf die verbleibenden Stoffe zu testen.
- **Festlegung des Gegenstandsbereichs und des Messfeldes**
  Sie sollten Ihren Gegenstandsbereich und dabei Ihr Messfeld festlegen.
  Beispiele: In der empirischen Sozialforschung wählen Sie die Versuchsgruppen aus, die an dem geplanten Experiment teilnehmen sollen. Die Auswahl der Versuchspersonen muss für die Zielgruppe repräsentativ sein.
  Beim Experiment im Bereich der Naturwissenschaften wählen Sie z. B. zwischen verschiedenen Materialien aus, deren Reaktion aufeinander erforscht werden soll. Dabei stellt ein Stoff X die abhängige Variable dar, zwei andere die unabhängigen Variablen Y und Z. Im Experiment werden dann zuerst X und Y vermischt, dann X und Z. Die Kontrollgruppe besteht in diesem Fall nur aus dem unbehandelten Stoff X.

2. Versuchsplanung
Ihnen stellt sich nun die Aufgabe, eine geeignete Versuchssituation zu finden, in der die Wirkung der Variablen messbar ist.

Sie überlegen konkret:
- Was benötigen Sie für die Umsetzung des Experiments?
- Welche Materialien könnten sich besonders gut eignen?
- Welche Voraussetzungen müssen für das Gelingen zusätzlich gegeben sein?

Anschließend wird das genaue Vorgehen anhand eines Versuchsplanes festgelegt.

3. Durchführungsphase
Diese Phase beginnt mit der Erledigung verschiedener organisatorischer Aufgaben wie z. B. der Auswahl der Versuchspersonen, des Versuchsleiters oder auch der Räumlichkeiten. Das Experiment wird dann entsprechend des aufgestellten Versuchsplans durchgeführt, die Beobachtungen protokolliert.
- Bereitstellung des Versuchsmaterials
- Beginn mit dem Versuchsaufbau
- Durchführung des Experiments
- Schriftliche Fixierung der Beobachtungen im Versuchsprotokoll

Diese Aufzeichnungen fließen mit in die Auswertung ein, um z. B. Aufschluss über mögliche Fehler während des Experiments zu bekommen, die zur Verzerrung der Ergebnisse beigetragen haben könnten.

4. Auswertungsphase
Es erfolgt nun die Berechnung von Mittelwerten, das Erkennen von Sinnzusammenhängen, die Herleitung eines Endergebnisses durch die Deutung der Einzelergebnisse oder auch die Abgleichung der Ergebnisse mit der Hypothese (bestätigt/nicht bestätigt).

3 Wie werte ich die gewonnenen Informationen für meine Facharbeit aus?

3.1 Lesetechnik

Die Drei-Gang-Methode

Vielleicht haben Sie sich auch schon dabei ertappt, alle Texte, die Ihnen in den verschiedenen Unterrichtsfächern vorgelegt wurden, immer mit ein und derselben Methode gelesen zu haben: von Beginn bis Ende einfach „nur" durchgelesen. Sicher haben Sie sich dann immer wieder gefragt: Was ist denn nun das Wichtigste in diesem Text?

Besonders beim Lesen von Fachliteratur wird es mit solch einem unpräzisen Arbeitsvorhaben schwierig. Denn man wird einen Text, z. B. für die Erweiterung seiner Kenntnisse zu einem bestimmten Thema, immer mit einer konkreten Fragestellung vor Augen lesen. Dazu bietet sich folgendes methodisches Vorgehen an:

1. Schritt: Überfliegen des Textes
Bevor Sie sich ans Werk machen und Ihre Zeit unnötig mit dem „Durchlesen" des gesamten Textes oder gar Buches verbringen, sollten Sie sich zuerst die Hinweise des Buches oder Textes zur allgemeinen Orientierung anschauen:

- Inhaltsverzeichnis,
- Kapitelüberschriften,
- Arbeitsaufträge,
- Zusammenfassungen,
- hervorgehobene Begriffe usw.

So finden Sie am effektivsten heraus, ob der jeweilige Text oder das ausgewählte Buch überhaupt geeignet ist, Informationen zu dem gewählten Thema zu geben. Sie schauen sozusagen „diagonal" über den Text und können so überprüfen, inwieweit er brauchbar erscheint und ob sich die genauere Lektüre auch lohnt.

2. Schritt: Gezieltes Lesen
Die herausgesuchten Abschnitte lesen Sie nun mit geringerer Schnelligkeit und größerer Aufmerksamkeit. Gut ist es, wenn Sie hierbei schon die Schwerpunkte markieren.

3. Schritt: Zusammenfassen
Versuchen Sie eine grobe Gliederung des Textes anzufertigen, wesentliche Erkenntnisse festzuhalten und somit den Inhalt zusammenzufassen.

3.2 Markierung von Texten

Markierungen in Texten können sich als besonders hilfreich erweisen, wenn man den Textinhalt besser verstehen und in Schwerpunkte aufgliedern möchte. Achten Sie bitte darauf, Texte sparsam zu markieren und immer dieselben Symbole für bestimmte Dinge anzuwenden. Auch die Verwendung eines Textmarkers erscheint sinnvoll. Sie dürfen in einem in der Bibliothek geliehenen Buch oder einem Schulbuch, das Ihnen von der Schule zur Verfügung gestellt wurde, keine Unterstreichungen vornehmen oder gar Randbemerkungen hineinschreiben. Ansonsten können Sie im schlimmsten Fall für den Neuerwerb des Buches finanziell zur Verantwortung gezogen werden.

TIPP: MARKIERUNGS-, HINWEIS- UND BEWERTUNGSZEICHEN

Vorschläge für Markierungszeichen

- **Unterstreichungen** im Text: Signalwörter, Kerngedanken
- **Anstreichen** am Rand: wichtige Passagen
- **Einkreisen** von Textfeldern und **Verbinden** der Textfelder **mit Pfeilen:** wichtige Inhaltsbereiche, die in enger Beziehung zueinander stehen

Vorschläge für Hinweis- und Bewertungszeichen

\+ **Kreuz** am Rand: besonders einleuchtend, klar
? **Fragezeichen** am Rand: unklar, zweifelhaft
L **Winkel** am Rand: Beispiel, Zusammenfassung
O **Kreis** am Rand: Gedanke, dem Sie nochmals nachgehen wollen
→ **Pfeil** am Rand: Literaturhinweis

3.3 Übung zur Arbeit am Text

Die 10-%-Methode

Arbeitsaufträge

1. Der folgende Text (→ S. 43 f.) „Nie wieder! – Nie wieder?“ besteht aus 586 Wörtern.
   Suchen Sie 59 Wörter heraus, um den Inhalt des Textes wiederzugeben.
2. Markieren Sie die Wörter und schreiben Sie diese als Stichworte auf ein Blatt Papier.
3. Mithilfe dieses Stichwortzettels stellen Sie die inhaltlichen Schwerpunkte des Textes vor.

Hinweis: Sie haben 15 Minuten Zeit sich mit dem Text zu beschäftigen und einen Vortrag vorzubereiten, der nicht länger als 4 Minuten dauern soll.

Gliederung des Textes

Arbeitsauftrag

Fertigen Sie auf der Grundlage des folgenden Textes eine inhaltliche Gliederung an. Sie muss nicht zwangsläufig der Reihenfolge der Beschreibung im vorliegenden Text entsprechen.

Hinweis: Sie haben für diesen Arbeitsauftrag 10 Minuten Zeit.

Erweiterung der Schwerpunkte

Arbeitsauftrag

Sie verfügen durch die Lösung der Arbeitsaufträge 1 und 2 von S. 42 bereits über die notwendigen Informationen. Nun ist es Ihre Aufgabe, ergänzende Bemerkungen und eigene Auffassungen neben die herausgearbeiteten Schwerpunkte zu notieren. Bringen Sie Ihre eigenen Vorkenntnisse und Überlegungen mit ein.

Hinweis: Sie haben für diesen Arbeitsauftrag 10 Minuten Zeit.

Ein Resümee mit eigener Position

Versuchen Sie nun mithilfe der von Ihnen bisher entwickelten inhaltlichen und durch eigene Gedanken ergänzten Schwerpunkte Ihre Position in fünf Thesen deutlich zu machen.

Hinweis: Sie haben für diesen Arbeitsauftrag 10 Minuten Zeit.

Nie wieder! – Nie wieder?
Nach dem dramatischen Untergang der Titanic unterzeichneten die seefahrenden Nationen, um eine derartige Katastrophe fortan zu verhüten, im Jahr 1914 auf der sogenannten Titanic-Konferenz eine Konvention zum Schutz des menschlichen Lebens auf See. Darin wurde eine ganze Reihe von neuen Bestimmungen für die Seefahrt festgelegt: In Zukunft sollte jedes Schiff eine ausreichende Zahl von Rettungsbooten mitführen; überdies musste Tag und Nacht ein Funker erreichbar sein. Die wasserdichten Schotten in den Schiffen wurden von nun an bis ganz nach oben durchgezogen. Der deutsche Physiker Alexander Behm überlegte zudem, ob man Eisberge bei Dunkelheit nicht mithilfe von Schallwellen orten könne. So erfand er das Echolot. Durch all diese Maßnahmen schien eine Wiederholung des Titanic-Unglücks fast unmöglich zu sein. Tatsächlich ereignete sich danach keine vergleichbare Katastrophe mehr, die zum Verlust so vieler Menschenleben geführt hätte.

Es kam aber der Augenblick, in dem dennoch erneut ein Schiff von Eis aufgerissen wurde: In der Nacht zum 20. Juni 1989 geriet das 23.500 Bruttoregistertonnen große sowjetische Kreuzfahrtschiff Maxim Gorki rund 300 km westlich von Spitzbergen in ein Eisfeld, und um 23:15 Uhr kollidierte es mit einer riesigen Eisscholle. An Bord befanden sich 955 Menschen. Besatzungsmitglieder holten sogleich die 576 – überwiegend deutschen – Passagiere an Deck. Dann wurden die Schotten geschlossen. Während durch einen sechs Meter langen Riss und ein zwei Quadratmeter großes Loch Wasser in den Rumpf strömte und der Bug langsam tiefer sank, brachte man die Fahrgäste in die Rettungsboote. Da die Maxim Gorki von Eis dicht umgeben war, konnte man nicht alle Boote gleich hinablassen; einige blieben zwei Stunden lang vollbesetzt an den Davits hängen. Insgesamt ließen sich von den vorhandenen zehn Rettungsbooten nur sieben zu Wasser bringen. Sie genügten aber, um alle Passagiere sowie viele Besatzungsmitglieder aufzunehmen. Die Boote wurden dann von den Eisschollen immer dichter eingeschlossen und gerieten in Gefahr, zerdrückt zu werden. Ein Boot wurde beschädigt, und die Insassen stiegen vorsichtshalber auf das Eis über. Bereits um 4:30 Uhr, etwa drei Stunden nachdem die Maxim Gorki einen Notruf ausgesandt hatte, traf das norwegische Küstenwachschiff Senja an der Unglücksstelle ein und nahm fast 700 Menschen an Bord. Der sowjetische Kapitän Marat Galimow und das technische Personal blieben auf dem Kreuzfahrtschiff. Weitere Passagiere wurden mit Hubschraubern nach Longyearbyen auf Spitzbergen gebracht und dort von Ärzten betreut, die man aus der norwegischen Stadt Tromso eingeflogen hatte. Es gab jedoch keine Verletzten. Hubschrauber brachten auch zwei Motorpumpen, mit denen man das eingedrungene Wasser aus dem Kreuzfahrtschiff herauspumpte. Von einem Schlepper und einem sowjetischen Frachter begleitet, konnte die Maxim Gorki dann aus eigener Kraft Spitzbergen erreichen, wo man sie zunächst notdürftig instand setzte. Bleibt die Frage, wie das Unglück überhaupt geschehen konnte. Die Temperatur lag um null Grad, und zeitweilig fiel Schneeregen. Dennoch war die Sicht recht gut, zumal in diesen nördlichen Breiten die Sonne im Juni nicht untergeht. Das Eisfeld befand sich durchaus im Blick der Schiffsführung. Über die Lautsprecheranlage hatte der Kapitän die Passagiere auf das Eis hingewiesen und ihnen empfohlen, den Anblick zu genießen. Zu diesem Zeitpunkt hatte die Maxim Gorki eine Geschwindigkeit von 19,6 Knoten. Damit war sie sehr schnell; normalerweise geht ein Schiff in der Nähe von Treibeis mit der Fahrt bis auf wenige Knoten herunter. So kann es nicht nur behutsamer manövrieren, sondern kleinere Schollen auch besser zur Seite schieben. Eine größere Scholle mit glasscharfen Kanten und einem Gewicht von vielen Tonnen kann aber wie ein gefährlicher Felsen im Weg liegen. Mit einem solchen Brocken ist die Maxim Gorki offenbar kollidiert und hat dabei den Kürzeren gezogen.

Andreas Bomba, Wie geschah es wirklich? Den Geheimnissen der Weltgeschichte auf der Spur,

3.4 Exzerpieren

Exzerpieren (Exzerpt, lat.: Auszug aus einem Werk) heißt, eine strukturierende Zusammenfassung eines Textes aus sinngemäßen Auszügen von Argumenten, Gedankengängen und Ideen des Textes oder aus wörtlichen Zitaten anzufertigen. Dabei arbeitet man das Wesentliche des Argumentationszusammenhangs heraus oder wertet den Text unter einer bestimmten Fragestellung aus.

Man exzerpiert, weil nicht immer alle Texte ständig verfügbar sind. Zwar kann man sich Bücher in einer Bibliothek ausleihen, diese jedoch nicht über einen längeren Zeitraum (mehrere Monate) behalten und darin keine Unterstreichungen und Notizen vornehmen.

Außerdem gibt es Präsenzbibliotheken, aus denen keine Bücher mit nach Hause genommen, sondern nur im Lesesaal genutzt werden können. Aus finanziellen Erwägungen ist es auch kaum möglich, die benötigten Bücher alle käuflich zu erwerben. Zudem findet man einige Bücher heute nur noch in Bibliotheken und nicht mehr im Handel.

Wichtig ist, dass man auch noch nach Wochen weiß, wie der Autor den Sachverhalt dargestellt hat. Daher sollte man versuchen, das Wesentliche kurz zu notieren, aber dabei auch die vom Autor dargestellten Zusammenhänge transparent werden zu lassen. Exzerpieren trägt vor allem dazu bei, sich selbst mit den Schwerpunkten eines Textes auseinanderzusetzen und mit eigenen Worten die dargestellten Inhalte zu formulieren. Nur dann kann man auch sicher sein, dass man die Inhalte verstanden hat. Es nutzt kaum etwas, den Text fast wortwörtlich zu übernehmen ohne ihn verstanden zu haben.

Man sollte sich zur Erleichterung der Arbeit eine Kopie des Textes anfertigen, in der man nach Belieben anstreichen, unterstreichen, Verweispfeile anbringen oder andere Markierungen und Notizen eintragen kann. Auf der Kopie lassen sich Stellen markieren, die man als Exzerpte (schriftliche Auszüge) für die eigene Arbeit verwenden will.

Man kann solche Passagen:
a) aus Kopien herausschneiden;
b) neu anordnen;
c) in andere Zusammenhänge einfügen. Dabei ist es notwendig, die entnommene Textstelle mit Verfasser, Titel, Erscheinungsort und -jahr und Seitenzahl zu kennzeichnen.

TIPP: EXZERPIEREN

Für das Exzerpieren sollte jeder seine eigene Technik finden. Hilfreich sind jedoch folgende Punkte:

- Zuerst den Text bzw. Artikel durchlesen, um den Gesamtzusammenhang und die inhaltliche Gliederung zu erkennen.
- Um einen komplexen Zusammenhang verständlich darzustellen, reichen Stichworte nicht immer aus, daher sollte man auch knappe selbst formulierte Sätze zur Erklärung verwenden.
- Zentrale Aussagen des Autors, die man selbst nicht besser formulieren und für die eigene Argumentation oder Auseinandersetzung gut verwendet werden kann, sollte man sinngemäß, d. h. mit eigenen Worten, übernehmen oder wörtlich zitieren.
- Zitate sollte man sparsam verwenden und sich fragen, ob man den Inhalt überhaupt verstanden hat oder den Text einfach nur abschreibt.
- Während des Exzerpierens sollte man sich eigene Kommentare, Ergänzungen und Kritikwürdiges notieren; deshalb ist es günstig, einen breiteren Rand (1/3) zu lassen, um eigene Kommentare anbringen zu können, die man auch noch nach einiger Zeit als solche erkennt.

Wann zitiert man?

Zitate sollte man sparsam verwenden. Als Grundregel kann gelten, dass man zitiert:

- was als sprachliche Eigenart einen behandelten Verfasser charakterisiert;
- was man für besonders treffend hält;
- was sich knapper mit eigenen Worten nicht ausdrücken lässt;
- was (wie z. B. Statistiken) nicht verändert werden soll.

3.5 Protokollieren

Das Protokoll ist ein sachlicher Bericht über Inhalt, Verlauf und Ergebnis von Verhandlungen, Besprechungen, Sitzungen oder Versammlungen. Es gibt weiterhin Protokolle, die die Beobachtungen bei Experimenten und deren Ergebnisanalyse beinhalten.

Formale Anforderungen

Alle Protokollarten zählen zu den standardisierten Schreiben und haben gemeinsame äußere Merkmale. Jedes Protokoll nennt:

- Ort, Zeit (Datum, Anfang, Ende) und Teilnehmerzahl
- Anlass
- Tagesordnungspunkte bzw. behandelte Themen

- Datum der Anfertigung
- Unterschrift des Schriftführers

Arten von Protokollen

Verlaufsprotokoll
Festgehalten werden:

- Ablauf und Inhalt einer Übung, eines Seminars oder einer Präsentation
- alle den Ablauf der Sitzung charakterisierenden Beiträge (sinngemäß) mit den Namen der Teilnehmer
- Literaturangaben oder weiterführende Hinweise einzelner Teilnehmer sind vom Protokollanten zu überprüfen und gegebenenfalls zu ergänzen sowie in das Protokoll aufzunehmen.
- wichtige Formulierungen (z. B. Definitionen und Begriffe)

Kommentierungen bzw. Stellungnahmen des Protokollanten sind grundsätzlich nicht zulässig.

Ergebnis- bzw. Beschlussprotokoll (meist knappe und verdichtete Form)
Festgehalten werden:

- wichtigste Gedanken und Diskussionsergebnisse
- objektiv nachvollziehbare Tatbestände

Soweit eine eigene wertende Stellungnahme als zusätzliche Aufgabe gefordert wird, ist diese gesondert als solche zu bezeichnen.

Quellenprotokoll
Festgehalten werden:

- in Kurzform überblicksartig Informationen über eine gesichtete Quelle und deren Verwendbarkeit für den gewählten Themenbereich
- Autor, Titel, Erscheinungsort und -jahr, Seiten und Fundstelle
- Verknüpfungsmöglichkeiten, mögliche Antwortelemente und Bezüge zur Grobgliederung
- Exzerpte, Angaben wichtiger Zitate, eigene Skizzen und Auffassungen zu einem Problem

Versuchsprotokoll
Die Anfertigung eines schriftlichen Versuchsprotokolls gehört zu einer ordnungsgemäßen Ausführung eines Experiments im naturwissenschaftlichen Bereich.
Festgehalten werden:

- Titel des Versuchs
- Liste mit Material (getrennt nach Geräten und Stoffen), die für das Experiment benötigt werden.
- Skizze des Versuchsaufbaus (schematische Darstellung der Geräte, Beschriftung)

- Ablauf und Vorgehensweise bei der Durchführung des Experiments: Was sieht man? Was riecht man? Was fühlt man? Was hört man?
- Beobachtung der Vorgänge in der entsprechenden Reihenfolge
- Auswertung: Was wurde herausgefunden? Welche Schlussfolgerungen sind aus den gemachten Beobachtungen zu ziehen?
- Formulierung des Versuchsergebnisses

Beobachtung und Auswertung eines Experiments sind immer voneinander zu trennen.

3.6 Auswertung von Statistiken, Schaubildern, Grafiken usw.

Eine Statistik ist die systematische Sammlung und Ordnung von Informationen in Form von Zahlen. Diese Zahlen werden entweder in Tabellen oder optisch aufbereitet als Diagramme und Schaubilder ausgewertet und dargestellt. Sie können zum Beispiel die im Rahmen eines Interviews erhobenen Daten in Statistiken auswerten und darstellen. Außerdem eignen sich Diagramme auch recht gut für eine Präsentation, um die Auswertung von statistischem Material zu veranschaulichen.

Es gibt verschiedene Arten von Diagrammen, die für unterschiedliche Zwecke geeignet sind:

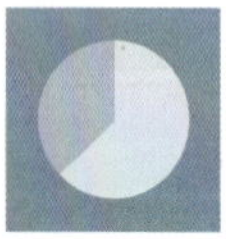

Das **Kreisdiagramm** eignet sich besonders gut, um Anteile an Gesamtmengen darzustellen. Es ist dabei jedoch nicht möglich, die Anteilsgrößen genau abzulesen. Zu diesem Zweck müssen die Werte in oder neben die Kreissegmente eingetragen werden.

Das **Balkendiagramm** stellt Zahlenwerte in ihrer Reihenfolge dar.

Das **Säulendiagramm** ist dem Balkendiagramm ähnlich, verdeutlicht aber besser Zeitreihen-Vergleiche, d. h. es zeigt, wie sich bestimmte Positionen über Zeiträume hin verändern. Im Unterschied zum Kurvendiagramm werden die einzelnen Werte nicht miteinander verbunden.

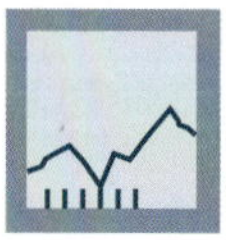

Das **Kurvendiagramm** kann Entwicklungslinien bzw. Trendkurven im zeitlichen Verlauf verdeutlichen. Sie kennen es vor allem aus dem Mathematikunterricht.

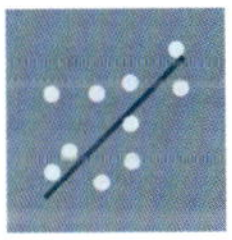

Das **Punktediagramm** bietet sich an, um Korrelationsvergleiche darzustellen. Ein Korrelationsvergleich gibt an, ob die Relation (Beziehung) zwischen zwei Variablen dem „normalen", d. h. erwarteten Muster folgt oder nicht. Hierzu wird ein erwarteter Verlauf in das Diagramm eingezeichnet, die tatsächlichen Messwerte als Punkte eingetragen und ihre Abweichung vom erwarteten Verlauf bewertet.

Die verwendeten Zahlen kann man als absolute (genaue, gerundete) Zahlen oder als Prozentzahlen angeben. Einige Statistiken verwenden auch Indexwerte, d. h. Verhältniszahlen, die sich auf einen gleich 100 gesetzten Wert eines Ausgangsjahres beziehen und deren Veränderung im Verhältnis zu diesem Bezugspunkt betrachtet wird.

INFO: SCHRITTE ZUR ANALYSE VON DIAGRAMMEN

1. Einordnen und Beschreiben

- Wer hat in wessen Auftrag die Statistik erstellt?
- Wie wurden die Werte ermittelt?
- Ist die Erhebung repräsentativ?
- Welches Thema wird behandelt (Diagrammüber- oder -unterschrift)?
- Was wird in Beziehung zueinander gesetzt? Müssen Begriffe geklärt werden?
- Welche Kriterien des Vergleichs werden verwendet?
- Welche Hinweise erhalten Sie aus der Form der Darstellung (Kreis-, Säulendiagramm etc.)?
- Welche Zahlenarten werden verwendet (absolut/relativ, Prozent- oder Indexzahlen)?
- Wie genau sind die Zahlenwerte (gerundet, geschätzt, vorläufig, „k. A." = „keine Angabe", d. h. Zahlen sind nicht verfügbar)?
- Auf welchen Zeitraum bezieht sich die Statistik? (Achten Sie hier nicht nur auf die dargestellten Zeiträume, sondern auch auf den Zeitpunkt der Diagrammerstellung!)
- Wie sind die Achsen eingeteilt (Zeitsprünge, Maßeinheiten, Verzerrungen durch ungeeignete Gruppenbildung u. a.)?

2. Erklären

- Benennen Sie Minimal- und Maximalwerte.
- Beschreiben Sie Häufigkeitsverteilungen und zeitliche Entwicklungen (gleichmäßig, sprunghaft).
- Werden Verlaufsphasen deutlich (Zu- und Abnahme, Stagnation)?
- Prüfen Sie, ob sich die dargestellten Zahlen vergleichen lassen.
- Zeigen Sie Zusammenhänge auf.
- Leiten Sie Entwicklungstendenzen und Arbeitshypothesen ab.

3. Bewerten

- Ist die gewählte grafische Darstellung geeignet?
- Wurden bei relativen Zahlenangaben die Bezugswerte genannt?
- Ist eine Vergleichbarkeit mit anderen Materialien möglich?
- Entspricht das statistische Material dem unterstellten Aussagewert?

NUTZER VON FACEBOOK IN DEUTSCHLAND				
Alter	**2011**	**2012**	**2013**	**2014**
13–17	2,22 Mio.	3,68 Mio.	3,42 Mio.	3,20 Mio.
18–24	3,94 Mio.	6,16 Mio.	6,60 Mio.	6,60 Mio.
25–34	3,85 Mio.	6,26 Mio.	7,00 Mio.	7,60 Mio.
35–44	2,10 Mio.	3,69 Mio.	4,20 Mio.	4,60 Mio.
45–54	1,08 Mio.	2,43 Mio.	3,08 Mio.	3,40 Mio.
55 +	0,57 Mio.	1,03 Mio.	1,72 Mio.	1,98 Mio.

© Statista 2015

Arbeitsaufträge

Social-Networking-Plattformen sind die Marktplätze der neuen Individualität. Die Entwicklung der Nutzerzahlen der virtuellen Community Facebook ist ein deutliches Zeichen für die wachsende Bedeutung von Selbstdarstellungen und individueller Vernetzung.

1. Stellen Sie mithilfe eines geeigneten Diagramms die Inhalte der Tabelle dar und begründen Sie die Wahl Ihrer Darstellungsform.
2. Suchen Sie im Internet nach den aktuellsten Angaben und ergänzen Sie Ihre Darstellung.

4 Was muss ich bei der Erstellung meiner Facharbeit beachten?

4.1 Äußere Form und Aufbau

An jeder Hochschule und anderen weiterführenden Bildungseinrichtungen werden für wissenschaftliche Arbeiten formale Anforderungen vorgegeben, die einzuhalten sind. Diese können von Institution zu Institution variieren. Für die Arbeit an Ihrer Schule wird durch schuleinheitliche Vorgaben die Facharbeit auch hinsichtlich ihrer Form vergleichbar.

FORMALE ANFORDERUNGEN

1. **Die Facharbeit enthält folgende Bestandteile:**
   - Einband
   - Titelblatt
   - Inhaltsverzeichnis/Gliederung
   - Vorwort (nicht verpflichtend)
   - Einleitung
   - Abhandlung
   - Anhang (Bilder und Grafiken kommen als Abbildungsverzeichnis in den Anhang, wenn sie nicht mit Notwendigkeit in den Text eingebunden werden müssen), Glossar
   - Literaturverzeichnis
   - Versicherung, dass die Arbeit eigenhändig angefertigt wurde (siehe Wortlaut unter 10.)
   - CD-ROM mit in der Arbeit genutzten Downloads aus dem Internet

2. Als **Einband** eignen sich Schnellhefter, Klarsichthüllen oder Klemmhefter; gefälliger ist – vor allem bei größeren Arbeiten – eine einfache Bindung (im Copyshop erhältlich).

3. Das **Titelblatt** (→ Muster, S. 53) enthält:
   - Thema der Arbeit
   - Fach
   - Name und Amtsbezeichnung des Fachlehrers
   - Name des Verfassers
   - Klasse bzw. Kursbezeichnung
   - Abgabedatum

Die Elemente des Titelblattes sind zentriert anzuordnen.

4. **Nummerierung der Seiten**
Das Titelblatt zählt als Seite 1 und wird nicht nummeriert, das Inhaltsverzeichnis zählt als Seite 2 ff. und wird ebenfalls nicht nummeriert. Die folgenden Textseiten setzen dann mit der fortlaufenden Nummerierung ein (z. B.: Titelblatt S. 1, Inhaltsverzeichnis S. 2 und 3, Textseiten S. 4 ff.). Die Seitenzahl erscheint in der Mitte des Blattes unten.

5. **Ränder der Seiten**
Rand oben: 2,5 cm, Rand unten: 2,5 cm
Rand links: 2,5 cm, Rand rechts: 2,0 cm

6. Bei der Gestaltung des **Inhaltsverzeichnisses** (→ Muster, S. 22 f.) sind folgende Vorgaben zu beachten:
   - Hervorhebung der Kapitelüberschriften
   - bündige Anordnung einander gleichrangiger Zahlen und Abschnitte
   - unterschiedliche Zeilenabschnitte, die den Stellenwert der Gliederungspunkte andeuten
   - richtige Reihenfolge der Gliederungselemente (vgl. 1.)
   - genaue Seitenangaben

7. Der **fortlaufende Text** von Vorwort, Einleitung und Abhandlung wird mit **1,5-zeiligem Abstand** am Computer geschrieben. Beim Layout des Textes ist **Blocksatz** zu beachten. Bitte aktivieren Sie diesen, bevor Sie mit der Arbeit beginnen. Außerdem aktivieren Sie die **automatische Silbentrennung** (Word: unter EXTRAS – SPRACHE – SILBENTRENNUNG – AUTOMATISCHE SILBENTRENNUNG (Haken) – OK).

8. **Schriftart**
Times New Roman (Schriftgröße 12) oder Arial (Schriftgröße 11)

9. **Seitenanzahl**
Mindestens 8, höchstens 15 Seiten reiner Text (ohne Gliederung, Deckblatt, Anhang und Literaturverzeichnis) sind zu verfassen. Individuell erfolgt hierzu die Absprache mit dem Fachlehrer.

10. Die **Versicherung**, die die Arbeit beschließt, hat folgenden Wortlaut:
Ich versichere, dass ich die vorgelegte Facharbeit ohne fremde Hilfe verfasst und keine anderen als die angegebenen Hilfsmittel benutzt habe. Ich bestätige ausdrücklich, Zitate und Quellenangaben mit größter Sorgfalt und Redlichkeit in der vorgeschriebenen Art und Weise kenntlich gemacht zu haben. Die genutzten Internettexte habe ich alle auf beiliegender CD ordnungsgemäß gespeichert.

Ort, Datum Unterschrift

TIPP: FORMATIERUNGEN

Zu Ihrer Arbeitserleichterung sollten Sie bereits vor Arbeitsbeginn am Computer die genannten Formatierungen vornehmen.

Muster für das Titelblatt der Facharbeit

(Thema der Arbeit z. B.:)

Wissenschaftlich begründete Arzneimitteltherapie für Kinder und Jugendliche – eine Utopie?

Facharbeit

am (Name der Schule)

Fachlehrer:

---

vorgelegt von:
(Name des Schülers / Klasse bzw. Kurs)

(Abgabeort und -datum)

4.2 Anfertigung eines Anhangs

Zu jeder Facharbeit oder später einmal zu jeder Beleg-, Seminar-, Bachelor- oder Masterarbeit gehört ein Anhang, der das Quellen- und das Literaturverzeichnis enthält. Auch Abbildungen, Grafiken und Tabellen können im Anhang erscheinen. Bei der Erstellung des Anhangs ist sehr sorgfältig vorzugehen, da er den Nachweis des Literaturstudiums und der Nutzung verschiedener Quellenmaterialien enthält. Der Autor einer Facharbeit zeigt durch die Verwendung von Zitaten und sinngemäßen Bezügen seine fachlich kompetente Auseinandersetzung mit der Thematik.

4.2.1 Arten von Veröffentlichungen

Es gibt verschiedene **Veröffentlichungsarten**, nach denen man die Angabe der Literatur vornimmt. Im Folgenden werden die wichtigsten vorgestellt:

a) **Verfasserschriften**
Nachname, Vorname des Autors: Titel. Untertitel, Erscheinungsort Erscheinungsjahr
Beispiel: Herbert, Ulrich: Best. Biografische Studien über Radikalismus, Weltanschauung und Vernunft 1903–1989, Berlin 1996

b) **Sammelwerke**
Nachname, Vorname (Hrsg.): Titel. Untertitel, Band, Erscheinungsort Erscheinungsjahr
Beispiel: Pleticha, Heinrich (Hrsg.): Weltgeschichte. Im Schatten des Olymp, Bd. 2, Gütersloh 1996

c) **Zeitschriftenaufsätze**
Nachname, Vorname des Autors: Titel. Untertitel. In: Zeitschriftentitel Jahrgangsnummer (Jahr), Seite(n)
Beispiel: Pöschko, Hans H.: Wallfahrt und Waffentat. Kreuzzüge in Mittelalter und Gegenwart. In: Praxis Geschichte 1 (2003), S. 4
Anmerkung: Sollte kein Erscheinungsjahr ersichtlich sein, so schreibt man „o. J." („ohne Jahr").

4.2.2 Erstellen eines Literaturverzeichnisses

In einem Literaturverzeichnis werden alle Titel erfasst, die Sie bei der Recherche zu einem ausgewählten Thema verwendet haben. Ein Literaturverzeichnis wird nach bestimmten Kategorien geordnet. Innerhalb dieser Kategorien erfolgt eine alphabetische Ordnung nach Verfasser bzw. – wenn kein Verfasser angegeben ist – nach dem Titel des Werkes.

Beispiel: Literaturverzeichnis

I. Nachschlagewerke

- Dollinger, Hans: Ploetz. Weltgeschichte auf einen Blick. Politik, Wirtschaft in Text und Bild von den Anfängen bis heute, Freiburg 1988

II. Fachbücher

- Michalka, Wolfgang (Hrsg.): Deutsche Geschichte 1933–1945. Dokumente zur Innen- und Außenpolitik, Frankfurt/Main 1993
- Mommsen, Hans: Das Volkswagenwerk und seine Arbeiter im Dritten Reich, Düsseldorf 1988
- Steinbach, Peter u. a. (Hrsg.): Widerstand in Deutschland 1933–1945. Ein historisches Lesebuch, München 1994
- vom Bruch, Rüdiger u. a. (Hrsg.): Kaiserreich und Erster Weltkrieg 1871–1918, Stuttgart 2000
- Winkler, Heinrich August: Der Weg in die Katastrophe. Arbeiter und Arbeiterbewegung in der Weimarer Republik 1930 bis 1933, Bonn 1990

III. Zeitungen und Zeitschriften

- Pöschko, Hans H.: Wallfahrt und Waffentat. Kreuzzüge in Mittelalter und Gegenwart. In: Praxis Geschichte 1 (2003), S. 4

IV. Internetadressen

- http://www.ard.de/mensch-alltag/-/id=918676/nid=918676/did=1858208/bsq86o/index.html; 20.01.2012

V. Filmbeiträge und DVDs (Medien)

- Young, Robert W. (Regie): Ehemann, Vater, Soldat, Monster. Die wahre Geschichte von Adolf Eichmann, dem meistgesuchten Verbrecher der Welt. DVD, Deutschland 1990

Hinweis: Achten Sie darauf, bei Internetadressen den Hyperlink zu entfernen und das Abrufdatum am Ende der Angabe zu erfassen.

INFO: LITERATURANGABE

An einigen Fakultäten der Universitäten ist es durchaus auch üblich, eine Art der Literaturangabe zu verwenden, die die Aktualität der angegebenen Literatur in den Vordergrund rückt. Das Erscheinungsjahr wird hierbei sofort nach dem Autor angegeben. Die Literaturangabe sieht dementsprechend so aus: Winkler, Heinrich August (1990): Der Weg in die Katastrophe. Arbeiter und Arbeiterbewegung in der Weimarer Republik 1930 bis 1933, Bonn: Dietz-Verlag

4.2.3 Erstellen von Quellenangaben (Verzeichnis der Zitate und Verweise bzw. Fußnoten)

Auf der Grundlage eines Literaturverzeichnisses sind im Text der Facharbeit Zitate und sinngemäße Bezüge (Verweise) in Form von Fußnoten anzugeben, um den Nachweis zu erbringen, woher die aufgeführten Informationen stammen. Übernimmt man aus verschiedener Fachliteratur Gedankengänge von Autoren, ohne diese zu belegen, begeht man geistigen Diebstahl und die Arbeit ist als Plagiat aufzufassen. Es ist Ihnen in einem solchen Fall keine eigene, selbstständige Arbeit gelungen, sondern nur die bloße Abschrift der Erkenntnisse anderer.

Beispiel: Fußnoten

1 Vgl. Mommsen, Hans: Das Volkswagenwerk und seine Arbeiter im Dritten Reich, Düsseldorf 1988, S. 39 ff.
2 Vgl. vom Bruch, Rüdiger u. a. (Hrsg.): Kaiserreich und Erster Weltkrieg 1871–1918, Stuttgart 2000, S. 23 Mommsen, Hans: a. a. O., S. 19 f.
3 Mommsen, Hans: a. a. O., S. 19 f.
4 Winkler, Heinrich August: Der Weg in die Katastrophe. Arbeiter und Arbeiterbewegung in der Weimarer Republik 1930 bis 1933, Bonn 1990, S. 18
5 Vgl. Dollinger, Hans: Ploetz. Weltgeschichte auf einen Blick. Politik, Wirtschaft in Text und Bild von den Anfängen bis heute, Freiburg 1988, S. 261 f.
6 Vgl. ebenda, S. 171 ff.
7 Michalka, Wolfgang (Hrsg.): Deutsche Geschichte 1933–1945. Dokumente zur Innen- und Außenpolitik, Frankfurt/Main 1993, S. 46
8 Ebenda, S. 10 f.
9 Steinbach, Peter u. a. (Hrsg.): Widerstand in Deutschland 1933–1945. Ein historisches Lesebuch, München 1994, S. 38 ff.
10 Vgl. Pöschko, Hans H.: Wallfahrt und Waffentat. Kreuzzüge in Mittelalter und Gegenwart. In: Praxis Geschichte 1 (2003), S. 4 ff.
11 Vgl. http://www.auswaertiges-amt.de/DE/Aussenpolitik/GlobaleFragen/G8/G7-DEU-Praes/Uebersicht_node.html, 05.06.2015

Hinweise:

- „a. a. O." („am angegebenen Ort")
- „ebenda" (nochmals die vorher genannte Literaturangabe betreffend)
- f. bzw. ff. (folgende bzw. die nächsten 3–4 folgenden Seiten)
- vgl. (vergleiche)
- Sollte bei den verschiedenen Veröffentlichungsarten (→ S. 54 f.) keine Ortsangabe angegeben sein, so schreibt man „o. O." („ohne Ortsangabe").

4.3 Wie man zitiert

Wortgetreue Übernahmen sind unverändert wiederzugeben, d. h. wortwörtlich. Sie stehen immer in Anführungsstrichen. Veränderungen in Grammatik und Orthographie (außer bei offensichtlichen Rechtschreibfehlern – siehe Duden!) sollten nicht erfolgen oder müssen kenntlich gemacht werden. Das Gleiche trifft auf Auslassungen von Wörtern zu. Man sollte beachten, dass bei der Verwendung wörtlicher Zitate aus älteren Werken nicht einfach eine Korrektur entsprechend der gegenwärtig geltenden Regeln des Dudens vorgenommen wird, ohne diese Änderungen deutlich zu machen. Die Art des Zitierens muss darüber Auskunft geben, was in welcher Form übernommen oder verändert wurde (wörtliche Übernahmen, sinngemäße Übernahmen, Auslassungen, Ergänzungen).

Die folgenden Beispiele zeigen Ihnen, wie Sie dabei vorgehen können:

Originaltext
„Mit Hörtests untersuchen Forscher in der schleswig-holsteinischen Seehundstation Friedrichskoog die Auswirkungen von Windkraftanlagen im Meer auf Seehunde. Erkundet wird dabei, ob Bau und Betrieb von Offshore-Windkraftanlagen das feine Gehör der Meeressäuger beeinträchtigen oder schädigen. Die Tests werden ähnlich wie bei Menschen durchgeführt. Die Tiere müssen sich zunächst an das Tragen von Kopfhörern gewöhnen. Die Untersuchung ist Teil eines größeren Forschungsprojektes."

dpa, Süddeutsche Zeitung, 29.10.2003, S. 12

Wörtliche Übernahme
Die Süddeutsche Zeitung berichtet am 29. Oktober 2003: „Mit Hörtests untersuchen Forscher in der schleswig-holsteinischen Seehundstation Friedrichskoog die Auswirkungen von Windkraftanlagen im Meer auf Seehunde. Erkundet wird dabei, ob Bau und Betrieb von Offshore-Windkraftanlagen das feine Gehör der Meeressäuger beeinträchtigen oder schädigen. Die Tests werden ähnlich wie bei Menschen durchgeführt. Die Tiere müssen sich zunächst an das Tragen von Kopfhörern gewöhnen. Die Untersuchung ist Teil eines größeren Forschungsprojektes." [1]

Hinweis: Der vorliegende Text wird wortwörtlich übernommen.

Die Quellenangabe lautet: [1] Süddeutsche Zeitung, 29.10.2003, S. 12

Sinngemäße Übernahmen
Nach Informationen der Süddeutschen Zeitung werden die Auswirkungen von Windkraftanlagen im Meer auf Seehunde mit Hörtests untersucht. [1]

Hinweis: Es erfolgt keine wörtliche Übernahme der Aussage, sondern es werden eigene Formulierungen zur Darstellung des Sachverhaltes verwendet. In der Quellenangabe wird dies durch das vorangestellte „vgl." (für „vergleiche") deutlich gemacht.

Die Quellenangabe lautet: [1] vgl. Süddeutsche Zeitung, 29.10.2003, S. 12

Verkürzung
In einer Meldung der Süddeutschen Zeitung wird berichtet, dass „die Auswirkungen von Windkraftanlagen im Meer auf Seehunde" in Tests durch das „Tragen von Kopfhörern" bei diesen Tieren untersucht wird. [1]

Hinweis: Durch den ausdrücklichen Hinweis auf die Zeitungsmeldung und die entsprechend in Anführungsstriche gesetzten wortwörtlichen Übernahmen von Teilen der Quelle wird die Verkürzung deutlich.

Die Quellenangabe lautet: [1] Süddeutsche Zeitung, 29.10.2003, S. 12

Auslassungen
„Mit Hörtests untersuchen Forscher [...] die Auswirkungen von Windkraftanlagen im Meer auf Seehunde." [1]

Hinweis: Die ausgelassene Stelle wird durch drei in eckige Klammern gesetzte Punkte angegeben.

Die Quellenangabe lautet: [1] Süddeutsche Zeitung, 29.10.2003, S. 12

Veränderung
„Mit Hörtests untersuchen Forscher der schleswig-holsteinischen Seehundstation Friedrichskoog die *Auswirkungen von Windkraftanlagen im Meer* [Hervorhebung durch den Autor] auf Seehunde." [1]

Hinweis: Die Veränderung wird durch den in eckigen Klammern stehenden Zusatz gekennzeichnet. So wird deutlich, dass die Hervorhebung durch den Autor der Facharbeit vorgenommen wurde.

Die Quellenangabe lautet: [1] Süddeutsche Zeitung, 29.10.2003, S. 12

Grammatikalische Veränderungen
Die Zeitung berichtete weiter, dass „die Tests [...] ähnlich wie bei Menschen durchgeführt [werden]". [1]

Hinweis: Die Veränderung wird deutlich durch die in eckigen Klammern gesetzten Punkte und Worte. Es handelt sich um eine Satzumstellung.

Die Quellenangabe lautet: [1] Süddeutsche Zeitung, 29.10.2003, S. 12

Ergänzungen
„Mit Hörtests untersuchen Forscher in der schleswig-holsteinischen Seehundstation Friedrichskoog [an der Nordseeküste, Anm. d. Verf.] die Auswirkungen von Windkraftanlagen im Meer auf Seehunde." [1]

Hinweis: Die durch den Autor der Facharbeit vorgenommene Ergänzung wird in eckigen Klammern mit dem Vermerk „Anm. d. Verf." [„Anmerkung des Verfassers"] kenntlich gemacht.

Die Quellenangabe lautet: [1] Süddeutsche Zeitung, 29.10.2003, S. 12

Zweitzitate
Zweitzitate dürften in wissenschaftlichen Arbeiten eigentlich nicht vorkommen, da jeder Autor zur exakten Überprüfung seiner Angaben in der Ursprungsquelle verpflichtet ist. Man sollte sich die Mühe machen, das Werk des Autors für eine korrekte Quellenangabe zu bemühen.

Andererseits ist für eine erste Facharbeit, die in der gymnasialen Oberstufe erstellt wird, kein solches zeitliches Volumen vorgesehen wie etwa für eine Diplomarbeit oder Doktorarbeit. Daher sind im begrenzten Umgang bei dieser ersten „vorwissenschaftlichen" Arbeit Zweitzitate legitim.

Hinweis: Das Wort **sic** (lat. für „wirklich so") findet als Angabe in Zitaten in eckiger Klammer Verwendung, wenn man darauf hinweisen will, dass ein Zitat genauso übernommen wurde, auch wenn eine veraltete Schreibweise, ein Rechtschreibfehler oder Ähnliches auftritt. Eine eigenständige Veränderung eines inhaltlichen Fehlers darf ebenfalls nicht vorgenommen werden, ansonsten wäre dies ein Zitierfehler.

Beispiel: „Das Autorenen [sic] wurde wegen eines Zwischenfahls [sic] beendet."
(Richtig müsste es heißen: „Das Autorennen wurde wegen eines Zwischenfalls beendet.")

5 Wie halte ich einen guten Vortrag?

5.1 Drei Komponenten

Wer gut sprechen kann, dem fällt es auch leichter, andere zu überzeugen und sie für sich und seine Gedanken zu gewinnen. Die positive Wirkung auf andere Menschen ist von drei Dingen abhängig:

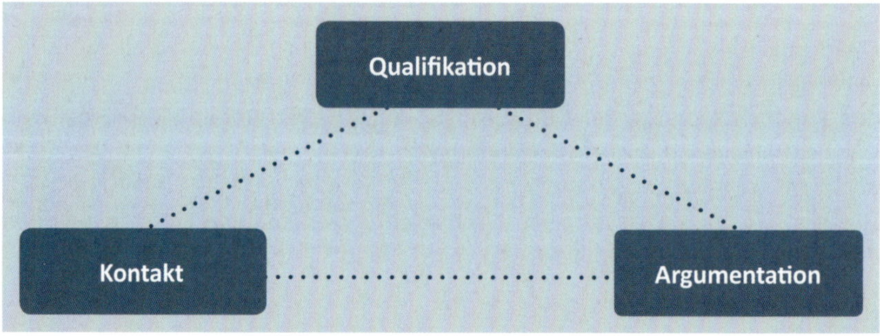

Die Qualifikation des Redners wird besonders durch Faktenwissen deutlich, das das gewählte Thema bereichert und untermauert. Wenn Sie glauben, ohne Fakten einen erfolgreichen Vortrag gestalten zu können, müssen Sie sich recht schnell eines Besseren belehren lassen. Das Thema vor einem Vortrag genau zu durchdenken und Ihre Aussagen logisch, nachvollziehbar und allgemein verständlich an den Adressaten zu richten, ist der richtige Weg zum Erfolg. Sie können zwar den Versuch unternehmen, mit vielen Worten wenig zu sagen oder mit Stimme, Mimik und Gestik über unzureichende Kenntnisse hinwegtäuschen. Aber Sie werden schnell merken, dass Sie nur als Gesamtpersönlichkeit überzeugen können, wenn Sie fachliche Kompetenzen besitzen und dabei soziale Kompetenz aufweisen.

Ein weiteres wichtiges Element für Ihren Vortrag ist der **Kontakt** zum Publikum, denn wer einen Vortrag hält, hält ihn für das Publikum. Leider wird das in der Praxis nicht immer umgesetzt.

Die Entwicklung einer geeigneten **Argumentationsstruktur** trägt außerdem dazu bei, Ihren Vortrag mit treffenden Aussagen zu gestalten, die zur Begründung oder Widerlegung einer Behauptung genutzt werden können.

Sie können zur Betrachtung eines ausgewählten Themas zustimmende und widersprechende Aspekte sammeln. Eine Argumentensammlung hilft Ihnen bei der Gestaltung Ihres Vortrages. Eine Möglichkeit, einen Vortrag sinnvoll aufzubauen, besteht in der Gegenüberstellung von Pro- und Kontra-Argumenten, die anschließend in einer Synthese zusammengeführt werden. Vor- und Nachteile der Synthese können dann abgewogen und eventuelle offene Fragen oder weiterführende Lösungen formuliert werden.

5.2 Beispiel für eine Argumentensammlung

Wohnen in der Stadt

Vorteile

- gute Verkehrsverbindungen (Bus, Bahn, U-Bahn, Straßenbahn)
- großes Kulturangebot, gute Möglichkeiten zur Freizeitgestaltung (Kino, Theater, Museum, Bibliotheken usw.)
- bessere Ausbildungs- und Arbeitsmöglichkeiten
- besser und schneller Einkaufen
- mehr Kontakte

Nachteile

- viel Lärm
- Luftverschmutzung
- Anonymität
- viel Verkehr und Staus
- höhere Kriminalitätsrate
- wenige Grünanlagen

Wohnen auf dem Lande

Vorteile

- frische (Land-)Luft
- viel Grün
- ruhig und ungefährlich
- Kontakt mit der Natur
- alle kennen sich
- Nachbarn helfen einander

Nachteile

- wenig Freizeitangebote
- Weg zur Schule und zur Arbeit weit
- keine guten Bus- und Zugverbindungen
- Menschen sind neugierig („jeder schaut jedem auf den Teller")
- keine Anonymität
- große Entfernung zu Fachärzten und Krankenhaus
- Betreuungsmöglichkeiten eingeschränkt

Wenn Sie die genannten Schwerpunkte berücksichtigen, ergibt sich automatisch eine Spezifizierung des Dreiecks:

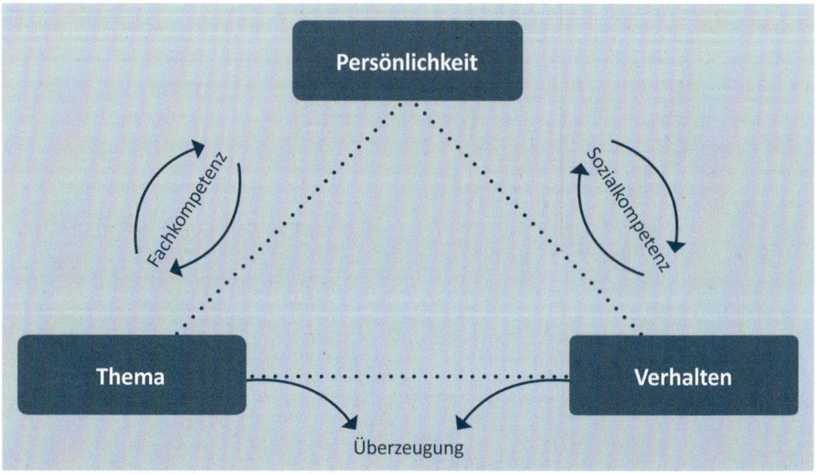

5.3 Stimme und Sprechweise

Ein Vortragender wirkt vor allem auch durch seine Stimme. Lautstärke, Tonlage und Sprechtempo beeinflussen die Wirkung auf das Publikum in besonderer Art und Weise. Mit Lautstärke können Sie verschiedene Dinge zum Ausdruck bringen:

- **leises Sprechen:** zeigt Behutsamkeit oder Eindringlichkeit
- **mittleres Sprechen:** wirkt verbindlich und sachlich
- **lautes Sprechen:** kann Wut und Ärger deutlich machen oder mitreißend und engagiert wirken

Gleichbleibende Lautstärke wirkt monoton und führt leicht zum „Abschalten" unseres Gegenübers. Noch schlimmer kann zu leises Sprechen während des gesamten Vortrages sein, so wird für das Publikum das Zuhören ebenfalls zur Qual. Man versteht akustisch nichts und kann dadurch inhaltlich kaum folgen.

5.4 Blickkontakt

Wenn Sie Ihr Publikum beim Sprechen nicht anschauen, wird es Ihnen kaum gelingen, es von Ihrem Thema zu überzeugen. Sie wirken wenig glaubwürdig, eher verschüchtert und nur daran interessiert, so schnell wie möglich Ihren Vortrag zu halten und in der Anonymität zu verschwinden. Wer anderen ins Auge schaut, wirkt sicher, ehrlich und fachlich kompetent.

TIPP: BLICKKONTAKT

- Schauen Sie nicht ins Leere oder an Ihren Gesprächspartnern vorbei.
- Zu intensiver Blickkontakt sollte jedoch auch nicht sein. Ein Fixieren des Gesprächspartners empfindet dieser als unangenehm und aufdringlich.
- Anschauen heißt nicht allein, nur in die Augen seines Gegenübers zu sehen. Besser ist es in jedem Fall, wenn Sie sich mehrere Punkte im Gesicht Ihres Gesprächspartners aussuchen, die sie abwechselnd anschauen.
- Wenn Sie Belanglosigkeiten mit ausdrucksvollem Gesicht und intensivem Blickkontakt verkaufen wollen, nimmt Sie Ihr Publikum wohl kaum ernst. Sie wirken eher lächerlich.
- Der Blick zum Publikum vermittelt Ihnen zugleich, wie es Ihren Vortrag aufnimmt und versteht.

5.5 Körpersprache

Ein Redner kommuniziert mit seinem Publikum nicht nur mit seiner Stimme, sondern auch mit seiner Körpersprache. Signale der Körpersprache sind Mimik, Gestik und Körperhaltung. Ein böses und verkniffenes Gesicht wirkt verbissen und wenig motivierend für das Publikum. Ihre Mimik sollte Ihren Worten und inhaltlichen Schwerpunkten angemessen sein. Ein herumirrender Blick, vor der Brust verschränkte Arme, unsichere und nervöse Bewegungen, unruhiges Hin- und Herlaufen und nervöses Hochziehen der Augenbrauen machen nicht nur Unsicherheiten in der Körperbeherrschung deutlich, sondern vermitteln oft Schwächen im Sachverstand. Freundlichkeit und Aufgeschlossenheit bringen dagegen fachliche Kompetenz zum Ausdruck: Dadurch wird deutlich, dass man sein Thema beherrscht.

5.6 Was sollten Sie bei Ihrem Vortrag noch beachten?

Sprechen Sie einfach

- Sprechen Sie anschaulich und konkret in kurzen Sätzen.
- Formulieren Sie im Verbalstil, d. h. in Satzkonstruktionen, die ein Verb bevorzugen (Bsp.: „wenn ich die Fakten berücksichtige“).
- Vermeiden Sie einen Nominalstil (Bsp.: „unter Berücksichtigung der Fakten …“).
- Benutzen Sie wenig Fremdwörter und erklären Sie notwendige Fachbegriffe.
- Verzichten Sie auf Floskeln und Füllwörter („meiner Meinung nach“, „nicht wirklich“, „also“, „wenn man so will“, „wie soll ich sagen“).

Gliedern Sie Ihren Vortrag übersichtlich

- Verdeutlichen Sie zu Beginn das Ziel Ihres Vortrages.
- Kündigen Sie Ihre Gliederung bei der Einleitung an.
- Bauen Sie Ihren Vortrag nachvollziehbar auf.

- Nummerieren Sie die einzelnen Abschnitte Ihres Vortrages bzw. Ihrer Argumentation.
- Machen Sie vor einem neuen Abschnitt eine kurze Pause.

Sprechen Sie kurz und schweifen Sie nicht ab
- Begrenzen Sie Ihren Vortrag auf die wesentlichen Punkte.
- Schweifen Sie nicht vom Thema ab.
- Fassen Sie wichtige Punkte zusammen.
- Reden Sie zuhörerfreundlich und lassen Sie keine Langeweile aufkommen.
- Sprechen Sie die Zuhörer während Ihres gesamten Vortrages direkt an.
- Stellen Sie Bezüge zu Vorwissen aus dem Unterricht her.
- Nutzen Sie praktische Beispiele, wenn passend mit Humor.
- Beziehen Sie die Zuhörer durch rhetorische oder direkte Fragen ein.

Voraussetzungen für einen guten Vortrag
- Sind die Inhalte sachlich richtig, verständlich und stilistisch gut ausformuliert?
- Kann ich die Zuhörer auch innerlich von meinem Vortrag/meiner Botschaft überzeugen und ihr Handeln beeinflussen?
- Wie relevant ist das Thema für die Zuhörer?
- Sind meine Schlussfolgerungen für die Zuhörer nachvollziehbar und verständlich?

5.7 Entwicklung eines Handouts

Für das Publikum, das an Ihrer Präsentation teilnimmt, kann es sinnvoll sein, dass es eine begleitende kurze Übersicht in Form eines Handouts erhält, um eine allgemeine inhaltliche Orientierung zu bekommen. In einem Handout werden die wichtigsten Schwerpunkte des Vortrages übersichtlich zusammengestellt.

Wichtige Merkmale eines Handouts:
- maximal eine computergeschriebene DIN A4-Seite
- gut lesbare Schriftgröße (Arial 11 oder Times New Roman 12)
- Stichworte, wenige Sätze, höchstens ein oder zwei wichtige, kurze Zitate mit Quellenangabe
- enthält die Gliederung entsprechend dem Vortrag
- nimmt wichtige Definitionen, Begriffe auf
- Übersichten, Tabellen, Abbildungen, Karikaturen
- weiterführende Quellenangaben
- lässt Raum für eigene Notizen

Beispiel Musterhandout

Karl-Valentin-Gymnansium Ottobrunn 24.02.2017
Fachlehrerin: Frau OStRin Angelika Huber Seminarkurs: Marketing

Onlinemarketing für den Internethandel von Linus Haberlein

Gliederung

1. Geschichte und Definition von „Onlinemarketing"
2. Verschiedene Kanäle des Onlinemarketing
3. Optimierung der Marketingstrategien – der Web-Analytics-Regelkreis
4. Branding am Beispiel der Firma „lexx-traa.com"
5. Kostenstruktur
6. Chancen und Risiken

Glossar

– *Onlinemarketing:* Unter Marketing versteht man die Maßnahmen eines Unternehmens, seine Aktivitäten – insbesondere die Vermarktung von Produkten und Dienstleistungen – den Anforderungen des Marktes möglichst optimal anzupassen. Onlinemarketing konzentriert sich auf Vermarktung im Internet.
– *Affiliate-Marketing*: Ein Unternehmen schließt mit Partnern (Affiliate) eine Vermarktungskooperation. Gegen Erfolgsprovisionen vertreiben diese Partner das Produkt oder die Dienstleistung des Unternehmens über ihre Webseiten.
– *Branding*: Etablierung einer Marke auf dem Markt und Aufbau einer Markenidentität
– *SEM*: SeachEngineMarketing (Marketingmaßnahmen mit Hilfe von Suchmaschinen)

Abb. 1: Kanäle des Online-Marketings. Quelle: maklertool.de

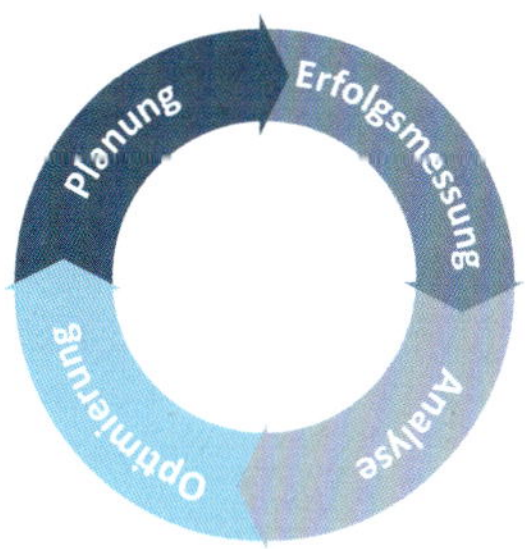

Abb. 2: Web-Analytics-Regelkreis. Quelle: iwiki.de

Zusammenfassung

Die im Vergleich zum konventionellen Marketing geringen Kosten des Onlinemarketings ermöglichen Marktneulingen einen leichteren Markteinstieg und etablierten Unternehmen eine größere Präsenz und ein individuelleres und differenzierteres Ansprechen seiner (potentiellen) Kunden.
Gleichzeitig ermöglicht der Handel im Internet eine zunehmende Transparenz der Angebote, die der Kunde nutzen kann. Damit verschärft sich die Konkurrenz zwischen den Unternehmen. Auch wird die Nutzung persönlicher Daten, die teilweise unbemerkt im Internet gesammelt werden, zu Marketingzwecken aus datenschutzrechtlichen Gründen kritisiert.

Quellen:

Kolbrück, Olaf: Erfolgsfaktor Online-Marketing, Frankfurt/M. 2013
Kollmann, Tobias: Online-Marketing, Grundlagen der Absatzpolitik in der Net Economy, Stuttgart 2013
Voeth, Markus/Herbst, Jutta: Marketing-Management. Grundlagen, Konzeption und Umsetzung, Stuttgart 2013
Weinberg, Tamar: Social Media Marketing. Strategien für Twitter, Facebook & Co, Köln 2012

5.8 Ablauf einer Präsentation

Einleitung (Eröffnung) – Hauptteil – Schluss

Der erste Eindruck ist entscheidend! .... Der letzte Eindruck bleibt!

Beginnen Sie Ihren Vortrag pünktlich. Eine gelungene Eröffnung der Präsentation ist die beste Möglichkeit, um beim Publikum Interesse für die Darbietung zu wecken. Sie können Ihrem Thema entsprechend verschiedene Einstiegsvarianten auswählen. Sicher kennen Sie die schlechteste Variante aus eigener Erfahrung: „Wir wollen heute einen Vortrag zum Thema ... halten." Und schon haben Sie das Desinteresse der Zuhörer auf Ihrer Seite.

Also sollten Sie einen Einstieg wählen, der das Publikum
- visuell einstimmt,
- provoziert,
- persönlich anspricht,
- durch eine kluge Fragestellung einbezieht,
- mit einem Vergleich konfrontiert,
- spontan anspricht,
- überrascht oder
- erheitert.

Interessiert sich Ihr Publikum erst einmal für Ihr Thema, können Sie Thema und Gliederung vorstellen. Damit beginnen Sie den Hauptteil der Präsentation – das eigentliche „Filetstück".

Ihre Gliederung als „Fahrplan" der Darbietung schreiben Sie am besten auf eine Folie oder bringen diese vor Beginn des Kolloquiums auf einem Flipchart oder Tafel an. So kann das Publikum dem Inhalt Ihrer Präsentation gut folgen.

Planen Sie den Hauptteil wie eine Regieanweisung. Wenn Sie Ihr Thema präsentieren, ist es wichtig, vorher den Ablauf zu skizzieren. Bei Aufregung ist schon so manches in Vergessenheit geraten. Planen Sie die Übergänge zwischen den einzelnen Gliederungspunkten genau!

Der Schluss fasst die wesentlichen Aspekte Ihrer Präsentation zusammen. Hüten Sie sich aber vor solchen Formulierungen: „jetzt bin ich am Ende meines Vortrages" oder „alles Wesentliche wurde gesagt, ich fasse nur noch einmal zusammen". Gut ist es, wenn Einstieg und Schluss einen gewissen Rahmen der Präsentation bilden. Eventuell greifen Sie hier eingangs genannte Gedanken nochmals auf, klären eine gestellte Frage oder überprüfen eine gemachte Behauptung. Der Schluss ist auch dazu geeignet, offene Fragen zu formulieren und an das Publikum zur Diskussion weiterzugeben.

Mindmap zum Ablauf eines Vortrages

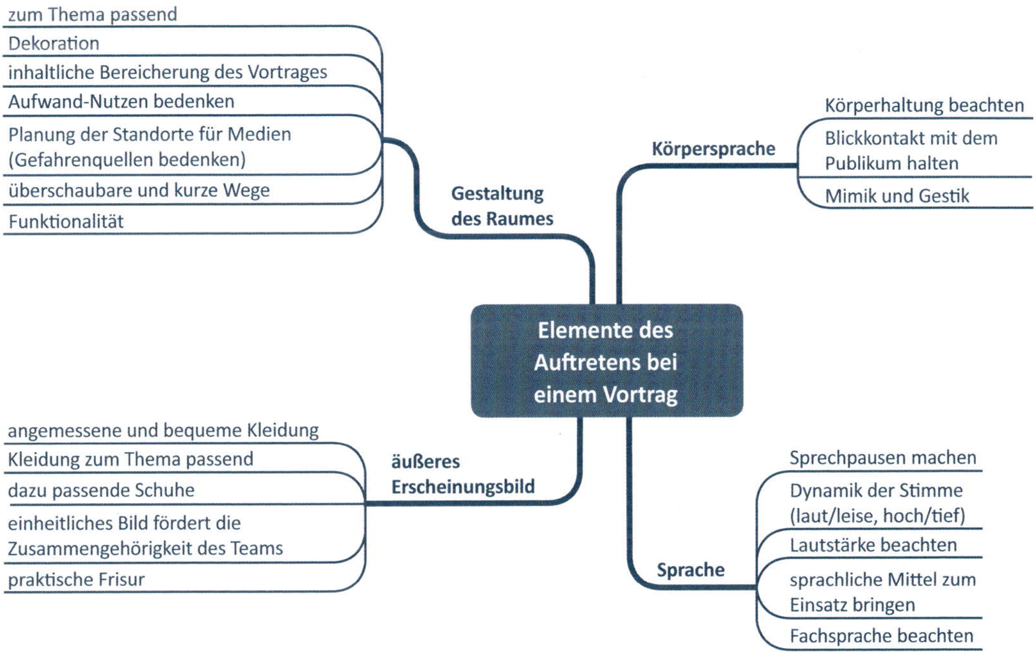

5.8.1 Was wird visualisiert?

Wählen Sie aus, welche Inhalte Ihres Vortrages visualisiert werden sollen, damit diese von Ihrem Publikum genau verstanden und beachtet werden. Woran werden sich Ihre Zuhörer noch lange erinnern?

- Zielformulierung
- Gliederung
- Statistische Übersichten
- Abbildungen

5.8.2 Einsatz von Medien während eines Vortrages

Überlegen Sie genau, wie viele Visualisierungen Sie einsetzen wollen, um Ihr Publikum nicht mit einem Überangebot an Folien oder Abbildungen zu überfordern. Planen Sie für jede Visualisierung genügend Zeit ein, um sie Ihrem Publikum zu erläutern. Eine Visualisierung sollte Ihren Vortrag unterstützen und nicht umgekehrt. Die Präsentation soll nicht zu einer „Materialschlacht" geraten, daher ist es wichtig, sich im Vorfeld Gedanken über den gezielten Einsatz von Medien zu machen und eine Auswahl zu treffen.

Denkbar sind:
- Fernseher/DVD-Player,
- CD-Player,
- Laptop,
- Beamer,
- White-/Smartboard,
- Overhead-Projektor,
- Dokumentenkamera,
- Flipchart,
- Pinnwand und
- Tafel, um damit
- Film- bzw. Videoausschnitte,
- PowerPoint-Präsentationen,
- Folien in begrenztem Umfang,
- Mindmaps,
- Bilder und Fotos,
- Plakate und Collagen,
- Modelle,
- Wandkarten,
- schriftliche Unterlagen und Dokumente,
- Musik, Sprechtexte und
- eigene Notizen während des Vortrages zu nutzen.

5.8.3 Wie wird visualisiert?

Bedenken Sie zuerst, wie Ihre inhaltlichen Aussagen einfach und anschaulich, aber zugleich anregend wiedergegeben werden können, um vom Publikum verstanden und akzeptiert zu werden.

5.8.4 Einheitliches Layout

Damit die Teilnehmer des Vortrags Ihre Visualisierungen z. B. auf Folie sofort verstehen, empfiehlt sich ein einheitliches Layout: Wählen Sie einen gut lesbaren Schrifttyp und eine passende Schriftgröße aus. Begrenzen Sie die Anzahl der Worte. Arbeiten Sie mit Symbolen.

Nutzen Sie verschiedene Formen und Farben (maximal drei!) einheitlich, um diesen Funktionen zuzuordnen.

5.8.5 Beachtung von Lesegewohnheiten

Wir orientieren uns an der üblichen Leserichtung von links nach rechts und von oben nach unten. Danach muss sich auch der Aufbau einer Visualisierung auf einer Folie oder einem Plakat richten. Schriftblöcke sind vom Auge besser zu erfassen als Schriftzeilen, die über die ganze Breite einer Folie oder eines Plakats gehen. Auf diese Art können inhaltliche Zusammenhänge leichter erkannt werden.

Bevor Sie eine Folie oder ein Plakat für fertig erklären, testen Sie deren Wirkung und sehen Sie es sich aus der Zuschauerdistanz an. Erst aus dieser Entfernung können Sie feststellen, ob Sie die erwünschte Wirkung erzielen.

Machen Sie sich nicht zum Knecht Ihrer Folien und halten Sie deren Anzahl in Grenzen. Jede Folie muss einen bestimmten Zweck in Ihrem Vortrag erfüllen. Dafür benötigen Sie Zeit, die Sie jedoch nur begrenzt haben. Die sinnvolle Beschäftigung mit einer Folie kostet Sie während des Vortrages durchschnittlich drei Minuten. Hieraus ergibt sich eine Höchstanzahl, die Sie aber deutlich unterschreiten sollten.

TIPP: POWERPOINT-FOLIEN

Die Folien Ihrer PowerPoint-Präsentation sollten Sie für den Zuschauer übersichtlich und lesbar gestalten. Dazu gehören:

- eine entsprechende Hintergrundfarbe, die sich gut von der Schriftfarbe abhebt (gängigerweise schwarze Schrift auf hellem Hintergrund)
- eine Schriftgröße (24 pt), die gut zu lesen ist
- eine einheitliche Schriftart, die ebenfalls gut lesbar ist
- die Verwendung von ausgewähltem Bildmaterial, keine Bilderschlacht
- grafische Darstellungen in übersichtlicher Form und mit entsprechender Beschriftung
- wenig Text, in Stichworten gehalten

Beispiel für eine unübersichtliche PowerPoint-Folie

Beispiel für eine übersichtliche PowerPoint-Folie

INFO: PRÄSENTATION

Bei der Vorbereitung und Durchführung der Präsentation sollten Sie zusammenfassend auf folgende Punkte achten:

Organisation:
- Raumgestaltung
- rechtzeitiges Besorgen technischer Hilfsmittel und deren Überprüfung auf Funktionstüchtigkeit

Thesenpapier:
- formale Gestaltung
- aussagekräftige Formulierungen
- Einbindung der Thesen in den Vortrag

Vortrag:
- logisch gegliedert
- anschaulich und mit Einsatz geeigneter Medien dargestellt
- inhaltlich korrekt
- rhetorisch ausgewogen

Diskussion:
- gewandtes Reagieren auf gestellte Fragen
- Formulierung von fachlich fundierten Antworten

5.9 Erstellen eines Thesenpapiers

Funktion

Ein Thesenpapier zu erstellen ist immer dann sinnvoll, wenn man einen mündlichen Vortrag für die Zuhörer und Gesprächspartner überschaubar und in seinem Aufbau nachvollziehbar machen will. Es soll also helfen, die Kommunikation auf sachlicher Basis in Gang zu bringen. Die Zuhörer können anhand eines Thesenpapiers den Ausführungen und Darstellungen besser folgen und beim Vortrag bereits anmerken, wo sie nachfragen wollen. Die Prüfer verwenden die Thesen unter anderem als Anknüpfungspunkte für die Moderation des anschließenden Gesprächs. Das Thesenpapier in seiner Form und seinem Inhalt ist immer vom Zweck und der Aufgabenstellung seines Einsatzes abhängig. Im Rahmen einer Facharbeit und ihrer Präsentation im Kolloquium ist die Erstellung eines Thesenpapiers erforderlich.

INFO: THESENPAPIER

Inhalt und Form eines Thesenpapiers
Das Thesenpapier sollte maximal eine Seite umfassen und sechs bis zehn Thesen enthalten. Im Thesenpapier sind themenspezifische Auffassungen, Behauptungen und Ergebnisse der Facharbeit als Thesen so prägnant und gebündelt darzustellen, dass sie den „roten Faden“ der mündlichen Präsentation verdeutlichen. Sie sind während des Vortrages argumentativ zu begründen.

Die Thesen sollen sowohl die **eigene Meinung** als auch die **eigene Problemsicht** zu den untersuchten Teilthemen bzw. Bereichen widerspiegeln.

Sie enthalten je nach Thema **Informationen** zu wesentlichen inhaltlichen Gesichtspunkten sowie persönliche Ansichten zu bestimmten Fakten einzelner untersuchter Geschehen oder Ereignisse oder sind das **Ergebnis einer kritischen Auseinandersetzung** mit der vorhandenen Literatur, z. B. die Auswertung einer Kontroverse, und formulieren auf dieser Basis eine wertende Stellungnahme.

Im naturwissenschaftlichen Bereich sollten die Thesen darüber hinaus die **Ergebnisse von Experimenten**, **Beobachtungen** und bestimmten ausgewählten **Untersuchungen** beurteilend darstellen.

Für die Vorbereitung der Präsentation und der Diskussion empfiehlt es sich, **Argumente und Fakten** zu **sammeln**, die für oder gegen die Behauptungen sprechen, sodass die aufgestellten Thesen bestätigt oder widerlegt werden.

Im inhaltlichen Aufbau muss das Thesenpapier dem **Erkenntnisstand der Facharbeit** und der in Vorbereitung des Kolloquiums erarbeiteten **Argumentationsstruktur** entsprechen.

Die Thesen sollten **aufbauend** von einleitenden, das Thema charakterisierenden Behauptungen über **Kernthesen** mit den wesentlichen Erkenntnissen bis zu **Schlussfolgerungen** bzw. einem gemeinsam erarbeiteten **Fazit** gestaltet werden.

Sie sind in **vollständigen**, **aussagekräftigen Sätzen** zu formulieren und fortlaufend zu nummerieren.

In den Vorträgen im Kolloquium und in der Diskussion kann mit der Nennung der Nummer einer bestimmten These damit schnell Bezug auf deren Inhalt genommen werden.

Das Thesenpapier enthält **Angaben** zum Zeitpunkt des Kolloquiums (Datum und Uhrzeit), den Namen des Schülers, das Thema und die erarbeiteten Thesen.

Es ist rechtzeitig fertig zu stellen, damit sich die Teilnehmer vor dem Kolloquium durch einen **öffentlichen Aushang** informieren können und während desselben eine **ausreichende Zahl an Thesenpapieren** zur Verfügung steht.